培养综合素质，提高孩子分数以外的能力

培养孩子分数以外的能力

王飞鸿 © 编

吉林出版集团有限责任公司

图书在版编目（CIP）数据

培养孩子分数以外的能力/王飞鸿编．—长春：吉林出版集团有限责任公司，2014.10
　　ISBN 978-7-5534-5253-1

　Ⅰ．①培…　Ⅱ．①王…　Ⅲ．①家庭教育　Ⅳ．①G78

中国版本图书馆 CIP 数据核字（2014）第 231684 号

培养孩子分数以外的能力
PEIYANG HAIZI FENSHU YIWAI DE NENGLI

王飞鸿　编

出版策划：孙　昶
责任编辑：于媛媛
责任校对：侯　帅
封面设计：孙希前

出　　版　吉林出版集团有限责任公司（www.jlpg.cn/yiwen）
　　　　　　（长春市人民大街 4646 号，邮政编码：130021）
发　　行　吉林出版集团译文图书经营有限公司
　　　　　　（http://shop34896900.taobao.com）
电　　话　总编办 0431-85656961　营销部 0431-85671728
印　　刷　北京天正元印务有限公司
开　　本　787mm×1092mm　1/16
印　　张　18
字　　数　230 千字
版　　次　2015 年 3 月第 1 版
印　　次　2015 年 3 月第 1 次印刷
书　　号　ISBN 978-7-5534-5253-1
定　　价　29.80 元

版权所有，侵权必究
印装错误请与承印厂联系

前　言

相对应试教育而言，分数固然重要，直接决定着孩子在班级中的名次，升学时选择学校，工作后进入好的单位，然而，分数并不能代表全部，只能说明孩子的学习成绩是否优异而已。一个孩子，从小到大，学习成绩都是名列前茅，拿过很多奖状受过无数次的表扬，如果他仅仅在学习上突出，其他的能力糟糕得一塌糊涂，那么这个孩子将来踏入社会后，注定不会有什么大的作为，极有可能沦为一位平庸者。

为什么这样说呢？原因很简单。他无法适应社会，跟不上社会的节奏，就像一只可怜的燕雀，不小心闯入繁华的闹市中，找不到回家的路一样。这样比喻，一点儿也不过分。市场经济主导下，竞争异常激烈，社会中打拼的每一个人，拼的不是学习成绩有多好，而是综合素质。综合素质高的人，就能在千军万马中冲杀出一条属于自己的路，闯出自己的真风采；综合素质低的人，经不起大风大浪的洗礼，这种人不是成为别人的垫脚石，就是被社会无情淘汰。

可以说，培养孩子分数以外的能力，直接关系着孩子的未来，影响着孩子的一生。人的素质的高低，可以反映出对生活的态度，和对人生的认知，而素质表现在方方面面，比如说有人看到废纸片，表现得无动于衷，而有的人则弯腰拾起来，丢到垃圾桶里。这个拾起废纸的人，他的素质就比无动于衷者高；再比如，竞聘岗位会升职时，有的人绞尽脑汁托关系

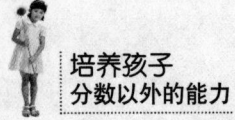

培养孩子
分数以外的能力

找路子，希望最终的结果落到自己头上，有的人却坦然面对，工作时，该怎么样还怎么样，丝毫没有反常行为。这种坦然面对的人，领导会看在眼里，即便暂时不能被重用，但总有更好的机会等着他。

可见，一个人的综合素质多么重要。那么如何培养一个人的综合素质呢？必须从孩子抓起，因为孩子在成长过程中，学习、模仿和接受新鲜事物的能力较强。家中说，长大了要孝敬父母及亲人，孩子可能当时无法理解这句话的内涵，但是这句话会印在他们的意识中。加之家长告诉他，如何孝敬父母，怎么做才算孝敬父母，并加以辅导，那么孩子就渐渐懂得了孝敬父母的真正意义了，在以后的生活中，就会想着去孝敬父母，长大后，他一定不是逆子。如果在孩子的成长期，不加以正确的引导，孩子就会表现得孤僻、冷漠，缺少爱心，踏入社会后，就表现得孤傲、怪异，极有可能走极端。

当然，现在高学历的父母们已经知道了分数不是万能的，不是孩子的全部，不能决定孩子的一生，认识到从小培养孩子的综合素质尤为重要。问题是如何培养孩子分数以外的能力，让父母们捉襟见肘。他们不知道从何处入手，不知道怎么做才算科学，才能适合孩子的生长发育的要求。其实，说出来很简单，培养孩子分数以外的能力，就孕育在我们的日常生活中，只不过这层窗户纸没有捅破罢了。本书就是一根金手指或一个指挥棒，帮父母们捅破那层窗户纸或指点着父母如何高效科学地把孩子培养成一个综合素质高的好孩子。

培养孩子要趁早。这句经典得几乎掉渣的话，却蕴藏着既深刻又朴实的道理。书中从不同方面，全方位地帮助父母们如何培养孩子。通过阅读此书，不仅您是受益者，您的孩子是最大的受益者。您受益了，您的孩子会因为您的教导而幸福终生。因为您通过阅读本书，会从中找到了您心灵中最渴望得到的东西，然后这些知识改变您的思维方式和言谈举止。孩子在您潜移默化的教导下，能不成为一位综合素质高的人才吗？

目 录

第一章 给孩子的心灵点一盏爱的明灯

品德永远是孩子的第一课 ………………………… 3

爱心温暖人的一生 ………………………………… 6

孝心是做人的根本 ………………………………… 9

常怀一颗感恩的心 ………………………………… 12

友谊如甘泉滋润孩子的心田 ……………………… 15

谦虚的人时刻都在进步 …………………………… 17

用勤劳浇灌的花朵最芬芳 ………………………… 21

节俭的人最可贵 …………………………………… 25

同情心是爱的结晶 ………………………………… 28

坚强是孩子永远的后盾 …………………………… 31

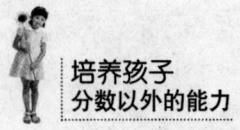

诚实是人一生的信誉卡 34
耐心左右着孩子的一生 37
欣赏是一种美德 40

第二章　让快乐伴随着孩子成长

快乐教育势在必行 47
让孩子在游戏中成长 51
快乐情绪需要培养 56
丰富孩子的感情世界 57
与快乐一路同行 65
快乐教育让棍棒走开 70
别让青春期蒙上阴影 76

第三章　换一种方式爱孩子

把孩子从房间里带出来 89
告诉孩子自立自主的重要性 91
家务事也有孩子的一部分 98
认识自我很关键 100
孩子同样需要朋友 105

合作与竞争缺一不可 111
让孩子学会尊重他人的权利 120
大自然是最好的老师 122
自我保护是孩子的必修课 124
别忘了让孩子带上基本常识 128

第四章　孩子的能力要早培养

意志力是孩子展望未来的基石 133
管理自己从自制力开始 138
承受力有多大心就有多大 140
忍耐和适应决定孩子的命运 143
自信是成才的基础 144
语言小天才是这样培养的 149
成功的人都有一颗专注的心 153
独立让人格更具魅力 158
审美可以提高孩子的内涵 164

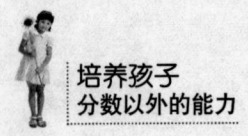

第五章 好习惯成就好未来

寸金难买寸光阴 …………………………………… 171

把自我管理变成一种习惯 …………………………… 175

除了坚持别无选择 …………………………………… 178

成功的另一半源于自律 ……………………………… 181

自强是孩子成长的主旋律 …………………………… 185

独立思考让孩子早成大器 …………………………… 191

文明礼貌是一盏灯 …………………………………… 195

倾听比诉说更重要 …………………………………… 198

让理财成为一种习惯 ………………………………… 202

第六章 培养孩子告别心理危机的能力

厌倦真的很讨厌 ……………………………………… 207

烦燥是一阵恼人的风 ………………………………… 211

紧张和沮丧是情感疾病 ……………………………… 214

忧郁是一种病态 ……………………………………… 218

焦虑让孩子心神不宁 ………………………………… 223

挥挥手告别犹豫不决 ………………………………… 229

目录

弹指间摆脱孤独心理 ………………………… 230

孤僻症影响孩子的一生 ………………………… 234

第七章　成长总伴随着烦恼

帮助孩子改掉不良的生活习惯 ………………… 241

帮助孩子改掉买东西的坏习惯 ………………… 245

帮助孩子改掉任性的毛病 ……………………… 247

帮助孩子改掉撒谎的不良习惯 ………………… 251

帮助孩子改掉偷窃的恶习 ……………………… 254

帮助孩子改掉暴躁脾气 ………………………… 256

帮助孩子改掉沉迷电视的不良习惯 …………… 259

培养孩子爱做功课的习惯 ……………………… 263

培养孩子学会告别敌意情绪 …………………… 266

帮助孩子告别欺负他人的坏习惯 ……………… 268

培养孩子不被人欺负的性格 …………………… 270

第一章 给孩子的心灵点一盏爱的明灯

孩子是父母爱的结晶,是父母精神的寄托,是父母明天的希望。孩子在成长过程中,不仅仅需要父母的呵护,更重要的是父母如何培养孩子的品德与性格。有良好品德和性格的孩子,在未来的生活中,才能够赢得更精彩。走进孩子的心灵世界,点一盏爱的明灯,照亮孩子的心灵,让孩子在潜移默化中接受爱的洗礼。

品德永远是孩子的第一课

现在很多家长往往只注重孩子智力开发的一面，却在浑然不觉中忽视了孩子的品德教育，或者以为品德教育是学校的事情。这种想法是家庭教育中的一大错误认识。培养孩子的品德，永远是教育的第一位，良好的品德是做人的根本。俗话说：做事先做人。一个人要是没有良好的品德，很难得到他人的帮助，更谈不上能取得成功。罗曼·罗兰说："99%的努力和1%的灵感，对于成功是不够的，还必须要有200%的道德品质做保证。"品德决定孩子的未来，良好的品德不仅是做人的基本因素，还可以开启成功的人生。

一、品德的重要性

有这样一个故事：

有一位穷人，一心想成为人人羡慕的大富翁，几经努力没有实现心愿，绝望之下找到上帝，要求上帝赐予他财富，让他实现自己的愿望。上帝禁不住他的软磨硬泡，便给了他一袋子的品德。那人见状，失望地朝上帝嚷道："我要的是能让我成为富翁的金钱啊！"上帝说："没错啊，我给你的是品德，品德能帮助你创造获得金钱的机遇啊！"这个穷人带着狐疑，背着上帝给他的那一袋子的品德，回到人间。他见到人后，就广泛散发上帝给他的东西。若干年后，他果真成

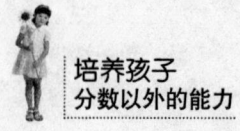

了一个富翁。

这则寓言说明了一个道理,即品德能创造成功的机遇。生活在这个充满竞争的商品社会,每个人都渴望在某一领域取得成功,并为了这个梦寐以求的成功的到来,千方百计地去捕捉各种机遇,让自己早一些获得成功。殊不知,一个人要想取得成功,不仅仅要靠聪明的头脑,还要靠他的优良品德,有了好的品德,他才能有好的人缘,才能迎来成功的机遇。

二、这样做可以培养孩子的品德

品德是一个人素质的核心部分,成功的人大多是具有较高的素养、品德高尚的人。好的品德是一个人立足社会的通行证。一个讲道德的人,人们愿意与他交往,这意味着他有更多的资源和机会,更容易成功。一个品德高尚的人,他的生命处于更高的境界,他的人生就会更精彩。品德教育既然这么重要,那么家长应该如何培养孩子的品德呢?

1.家长要成为孩子的楷模

家庭是孩子最好的学校,家长理所应当是孩子的第一任老师。所以,家长在培养孩子品德的过程中,具有重要的地位。而要想培养出好品德的孩子,家长首先要以身作则,做孩子的楷模,通过日常行为反复不断地告诉孩子什么样的事情能做,什么样的事情不能做,什么是好的什么是坏的。日积月累,好的行为将渐渐成为孩子的一种习惯,深入到孩子的意识中。

2.孝敬家长

孩子是否孝敬家长,不仅仅反映出孩子与家长的关系,更能反映出孩子能否关心他人。我们常常可以看到这样的家庭生活情景:家里有好吃的东西，父母总是舍不得吃，先让孩子吃，而孩子却很少先让父母吃；孩子一旦生病，父母心急如焚，跑前忙后，对孩子百般照顾，而家长要是出现身体不适，孩子就反应冷漠，很少会主动关心等。诸如此类事情，还有很多发生在家庭中，这不得不引起家长们的关注。只有养成孝敬家长的好习惯，孩子到社会中才能关心同事朋友。因此家长在孩子成长过程中，一定要培养孩子尊重长者、孝敬家长的好习惯。

3.使孩子养成讲文明懂礼貌的好习惯

文明礼貌的行为习惯，是从小培养并在长期实践中形成的。因此，要教育孩子从小做到尊老爱幼，待人和气、热情，有礼貌；做到不骂人、不说脏话；大人说话不插话，不打断别人的谈话；在他人家做客时，不随便翻东西等。

4.培养孩子乐于助人、与人分享的品质

家庭是培养孩子爱心的重要场所。家长应该让孩子帮助有困难的人，这有利于孩子成为一个有同情心和责任感的人，对塑造孩子完美人格和参与未来社会活动都具有重要的意义。

5.培养孩子有错就改的好品质

父母在教育孩子的过程中，如果自己做错了，不要摆家长的架子，要勇于向孩子承认自己的过失或错误，并且要当着孩子的面，改正错误。这样一来，以后孩子犯了错误，就会承认错误，改正错误。

6.培养孩子的自尊自信的品质

简单地说，自尊就是尊重自己，不会因为利益关系而向他人点头哈腰，也不允许别人侮辱自己。父母在培养孩子自尊自信的过程中，应该给孩子创造一些机会。例如在玩游戏的时候，有意给孩子创造一些获胜的机会。在日常生活中，要突出孩子的优点，给予孩子充分的表扬，这些做法

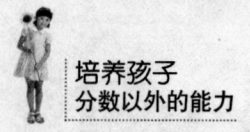

都有利于培养孩子的成就感,从而也就培养了孩子的自尊和自信。

7.培养孩子诚实守信的品德

孩子是否有诚实守信的品德,直接关系着孩子将以一种什么样的姿态去对待人生,也关系到他人将对其行为做出何种评价。为此,作为家长,应该利用讲故事的方式,鼓励孩子养成诚实的品德。

爱心温暖人的一生

具有爱心是我们人类之所以伟大和高贵的原因之一,培养孩子的爱心是每位家长义不容辞的责任。一个不懂爱的人,缺乏起码的做人道德,自私、冷酷、缺乏同情心,不会帮助别人,不能分担他人的痛苦,那么他就很难得到同伴和他人的喜爱,在生活中成功的可能性也会大大减少。

一、爱心具有无穷的力量

情商专家的研究结论是:善良和体贴是孩子遗传基因中就具备的天性,但如果后天得不到很好的培育,那么就会消失。如果你希望孩子长大后具备同情心、爱心以及责任心,那你现在就必须对他们寄予这些希望。尤为重要的是,光靠说教是绝对不够的,必须要让孩子有亲身经历。因为人的大脑分为思维和情感两个部分,人际关系方面的情商技能,只有通过亲身体会才能有效地在情感大脑中发育出来。

德国天才神童卡尔·威特的父亲非常重视对孩子爱心的培养,他经常告诉儿子,我们每个人都应该关心、同情他人。作为一名信仰基督教的牧师,他时常教育儿子爱是有魔力的,告诉儿子爱是上帝赐给人类的最伟大的力量。能接受别人、同情他人的人，他所得到的回报将是无限的。

为了培养儿子的爱心，卡尔·威特的父亲竭尽自己的知识，时常给儿子讲那些古代圣人的故事，以及《圣经》中那些关于爱的篇章。他告诉儿子，帮助别人是爱心的表现，是来自千万人心底里的善良。善良是人掌握在手中的最有力的工具，它具有无穷的力量。

二、帮孩子培养爱心

培养孩子的爱心，父母首先要给予孩子足够的爱，让孩子从父母对自己的关爱中学习体验爱心。当然，这种爱是正确的爱，而绝非溺爱，家长绝不能将孩子淹没在溺爱的汪洋大海里。那么家长该如何培养孩子的爱心呢？

1. 做孩子的道德榜样

我们常说榜样的力量是无穷的，的确是这样。孩子在成长的过程中，父母的言谈举止，都会在孩子的脑海中留下深刻的印象。

要想自己的孩子成为有爱心的孩子，父母就应该起到表率的作用，因为父母陪伴在孩子身边的时间最长，父母的言传身教对孩子来说最有说服力。

平时在家里的时候，如果父母把给长辈盛饭、倒茶、捶背等作为必做之事，每到逢年过节给长辈买东西，送礼物，还请孩子来当参谋，问孩子该给长辈送什么礼物……如果父母做到了关心孩子，对孩子说话总是温和、体贴，还常常与孩子进行情感的交流，给孩子适当的鼓励和表扬，让孩子直接感受到父母对自己的爱……如果父母做到互相关心，互相帮助，在给孩子买礼物的时候，也总给爱人买一份；吃东西的时候不忘提醒孩子，给爸爸或妈妈也留一份……如果父母平时做了这些，相信孩子也会耳

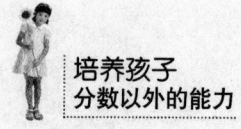

濡目染，从而学会关爱他人，关爱社会。

关爱是一种后天强化的行为，只有父母提供了榜样，孩子才会去模仿，进而转化为自发的行为。因此，父母更要以身作则，在对孩子进行爱心教育的同时，用自己的行为来教育孩子，起到示范的作用，在家庭中营造爱的氛围，感染孩子的心灵。

2. 对孩子进行移情训练

当看到其他小朋友摔倒的时候，你可以借此机会对孩子说："如果摔倒的是你，是不是觉得很疼？小弟弟一定摔疼了，我们赶快去把他扶起来吧。"通过这样的训练，孩子的爱心便在不知不觉中培养起来了。

爱心的培养需要进行移情训练，就是让孩子把自己痛苦时的感受与别人在同样情境下的体验加以对比，从而可以帮助孩子体会别人的心情。这样就能让孩子去理解他人，体谅他人。父母可以跟孩子谈谈残疾以及残疾人，可以帮助孩子多从他人的角度看问题，对处于痛苦状态的人产生同情，进而培养孩子的爱心。

3. 在生活中培养孩子的爱心

缺乏爱心的孩子往往只关心自己，只在乎自己的快乐，不关注他人的痛苦，甚至把自己的快乐建立在他人的痛苦上。长期下去，这样的孩子就变得很冷漠，而那些有爱心的孩子表现得则是比较会关心他人。所以，父母要在平常的生活中有意培养孩子的爱心。

父母可以利用日常生活中的一些小事例，从侧面来教育孩子关心他人，关心动物。例如，看电视的时候，如果画面中出现动物弱肉强食的镜头，这个时候不妨对孩子说："你看它们多恐怖呀，幸亏它们是动物，我们人类可不能干这样的事情！"

相关调查表明，幼年时期饲养过小动物的孩子，他们的感情通常比较细腻，心地也比较善良。相反，那些从小没有接触过小动物的孩子，感情就显得比较冷漠。与同学发生矛盾或冲突时，未接触过小动物的孩子往往容易冲动，甚至行为粗鲁、出口伤人，并且这样的孩子喜欢欺负弱小的同学。

家长在平时生活中，要留心观察孩子，只要孩子愿意养小动物和植物，父母在安全条件许可下，尽量给孩子创造养小动物和植物的机会。而这时孩子是饲养小动物或植物的主角，父母在一旁指导就可以了，这样往往会培养孩子的爱心。

4.让孩子知道生活真实的一面

现在生活条件好了，父母总想把最好的给予孩子，其实这种做法对培养孩子的爱心没有一点儿好处。父母在培养孩子爱心时，要让孩子吃点儿"苦"，让他们知道生活真实的一面，让孩子从小就学着与父母一起分担，做一些力所能及的事情。只有勤快的孩子才会懂事，知道关心体贴别人。孩子自己的事情，父母不应该包办，应该让孩子自己去做，家里的一些事情，如果孩子可以做的，也应该尽量让孩子去做。

孩子只有知道什么是真实的生活，才会打心眼儿里去体谅和理解父母，才会懂得关爱自己的家人。

孝心是做人的根本

百善孝为先。孝，是中华民族的传统美德。孝，应该是晚辈对长辈发自内心的尊重。中华民族是礼仪之邦，孝也反映了社会的文明程度和人的素质。孝心其实是一种爱心，这种爱充满了亲情。家庭教育最重要的就

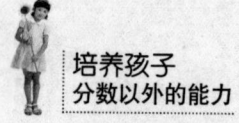

培养孩子
分数以外的能力

是教孩子学做人，学做事。做什么样的人呢？做孝敬家长的人，做诚实正直的人，做自尊、自爱、自信、自强的人。其中教孩子孝敬家长是最主要的，是一切道德的基础。

一、父母做表率，让孩子有孝心

生活中，人们常说要教育孩子，我们来看一看这个"教"字："教"的左边是"孝"，尽孝道是"德"；右边是"文"，学文化是才。德才兼备，方为人才。"孝"字"老"在上，"子"在下，"子背老人"才是"孝"，而如今却完全颠倒过来了。

当然，要使孩子学会孝敬长辈，父母首先要以身作则，为孩子做好榜样。生活中有不少为人父母者，一方面不善待自己的长辈，一方面要孩子长大以后要孝顺自己，这是多么可笑的言行。以下这个故事大家都很熟悉吧！

有位做父亲的，嫌自己的父亲年老体衰，走不动路，干不动活，只会白吃白喝，还得别人伺候，十分厌烦，就打算把老人送到深山里抛弃了。他把自己的打算跟儿子说了，儿子没言语，他听爹的话。

于是，这位父亲便找一个破篓子，把老人放进去，同儿子抬着来到山里。临走时，儿子把那个破篓子又捎上了。爹见了对儿子说："那破篓咱不要了。"

儿子说："不要可不行，等你老了，我还得跟我儿子用它抬你到深山里呢。"

当爹的一听不禁吓出了一身冷汗，急忙把自己的老爹又放进篓子里，跟儿子一起把老人抬回了家。

这个故事说明了家长对孩子所起的表率作用。

二、孩子的孝心可以这样培养

孝心并非与生俱来,父母在培养孩子孝心时,必须从小抓起,通过日常生活来培养和熏陶。这种培养和熏陶,应该涵盖孩子德育教育的全部过程。那么,家长应该如何培养孩子的孝心呢?

1.明理

简单地说,就是让孩子从小就知道,孝心是中华民族的传统美德,没有孝心的孩子就不是好孩子,将来也无法成就一番事业;还要让孩子明白如何做才算是有孝心。让孩子知道妈妈十月怀胎的艰辛历程,知道父母养育自己时,吃过许多苦,受过许多累。为了让孩子明白孝心的道理,就要经常给孩子讲些古今孝道的故事。通过这些故事,孩子便能理解什么是孝心。

2.给孩子尽孝心的机会

这一点非常重要。真正的孝心不是父母在口头上告诉孩子,什么是孝心,而是通过实践去培养。通常来说,父母让孩子在家里做力所能及的事情,让孩子负起责任来。如果遇有为难的事情,就讲给孩子听,让孩子参与进来,帮父母想办法或出主意。当长辈生了病或身体不舒服时,主动告诉孩子应该做哪些事情,并让孩子付出行动。日积月累,孝心会在孩子身上扎根。

3.父母要做出好榜样

父母对孩子祖辈的尽孝,直接影响孩子对孝心的认识。真孝心、假孝心,是骗不了孩子的。因此,为人父母要对自己的孝心做一番反省,在自

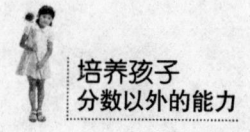
培养孩子
分数以外的能力

己身上求真,孝心的种子才会播撒到孩子心里去。

4.家长要在关心孩子的过程中培养孩子的孝心

孝心是充满爱心的伦理行为,应该重视以情育情。在家庭生活中,父母要注意从小培养孩子的孝心,教会他们尊敬长辈,培育爱心。当然,家长的关心、爱心要适度、适时,否则很可能由于过度溺爱使孩子产生依赖心理。

常怀一颗感恩的心

《感恩的心》是一首脍炙人口的歌曲,它那动听的旋律,优美的歌词,在喧嚣的城市中,给我们的内心能带来片刻的宁静。感恩是一种情怀,是一种信念,需要用一生的时间去体会,用全部的身心去报答。孩子处于人生最初也是最美好的阶段,需要感激的人很多,家长、老师、同学以及那些提供帮助的陌生人。在步入社会之后,孩子将负担起更多的责任与义务,将会得到更多的帮助与支持,所以要记住别人的恩情,以一颗感恩的心去面对整个世界。但是,令人遗憾的是,现在的孩子普遍缺少感恩的情怀,这已经成为当代家庭教育的一大问题。作为家长,要教会孩子学会感恩,用感恩的眼光看待世界。

一、感恩是快乐之源

家长要让孩子知道,感恩是快乐之源,不知道感恩的人不会得到快乐。对孩子来说,感恩是一堂人生必修课。家长要让每个孩子懂得,他降临到这个世界上,每一步成长和发展,都离不开家长的教育、师长的教海，朋友的关爱和大自然的恩赐。对孩子来说，学会感恩，长怀感恩之心，就应该做到关心家人、同学、朋友以及那些帮助过自己的人。

科林是一个13岁的黑人小孩子，他的父亲是个酒鬼，整天酗酒，喝醉后还经常打骂他们母子俩。后来科林的父亲由于饮酒过量而死亡，只剩下他和母亲相依为命。父亲死后，母亲靠一个人的力量艰难地支撑起这个家。为了减轻母亲的压力，科林小小年纪就出去打工，在一个富人家里做工挣钱。一天，富人家的小孩过生日，他们买了一个很大的生日蛋糕，主人也给科林切了一块，但科林没有吃，而是把蛋糕藏了起来。这是科林第一次看到生日蛋糕，当他忍不住想咬一口的时候，科林想到母亲。他决定把蛋糕带回家给母亲吃。终于，到了科林回家的时候。他兴高采烈地飞奔回家，拿出那块包裹得严严实实的蛋糕递给母亲。母亲打开一看，原来是一块生日蛋糕，由于包裹时间太久，蛋糕已经变质了。科林的心一下子凉了下来，坐在地上失声痛哭。母亲看到科林拿回来的蛋糕，激动得说不出话来，只是一个劲儿地掉眼泪。这是一个母亲幸福的泪水，能够拥有如此懂事的孩子，让她感到无比幸福。

二、帮孩子培养感恩的心

"谁言寸草心，报得三春晖。"孩子在爱中成长，在爱中学会爱。试想，如果家长们对孩子一味地奉献，一味地关爱，而不让孩子了解家长所做的一切，不了解家长内心的真实感受，那么孩子就很难懂得感恩，很难会有对家长的爱。那么，作为家长，如何培养孩子的感恩心呢？

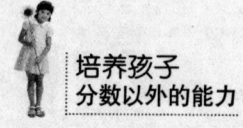

**培养孩子
分数以外的能力**

1. 让孩子感受缺失和满足

比如说孩子很喜欢的玩具丢了，这时邻居家的小朋友又把它捡到送回来了。在这个过程中，孩子就会体会到了缺失的痛苦和满足的欣喜。具备了这种体验，孩子就迈出了具有感恩能力的第一步。

2. 引导孩子认识满足的来源

在前一个事例中，当孩子知道满足是一种非常幸福的感觉时，家长应该告诉他，是因为小朋友的帮忙，他才能重新获得玩具。

3. 让孩子学会感谢

当孩子具有了认识他人帮助的能力，家长就要让孩子学会如何回报。简单的如说"谢谢"，深层的如互相帮助、知恩图报。

4. 家长以身作则

父亲与母亲既各自承担家庭的责任与义务，又共同分享家庭的利益。父母要心中有他人，在乎家中的每一个人，尊重他人的权益，关爱他人的需求，如常说"行""谢谢""对不起"。

5. 培养孩子的责任感

根据孩子的年龄，指导孩子承担一定的家务劳动，参与社区服务，如访问敬老院。孩子感受到为他人服务的快乐，体验了家长的辛劳，会更加珍惜家庭生活的幸福。

6. 生活处处实践分享

分享不是口号，而应该体现在家庭生活的每一个细节中。不要随地乱抛纸屑，因为整洁的环境属于大家；夜深人静时不得把电视声音开得太响，因为安静的夜晚属于大家。

7. 与人交往不忘感恩

乐于助人，关爱他人，不管是家人团聚还是伙伴交往，都不要称王称霸，以自我为中心。说出自己最感谢的人或事，学会赞美人与微笑，缩短人与人之间的距离。与大家分享，彼此互动，以此来培养感恩之心。

友谊如甘泉滋润孩子的心田

一、友谊是架在心与心之间的桥梁

友谊是人类崇高而优美的品质之一。友谊使人开朗、热情和坦诚，使人格向健康方向发展。而缺乏友谊的人，在情绪上往往有很大的困扰，轻则会产生孤独、恐惧、焦虑，重则产生多疑、嫉妒、敌对、攻击的心态和行为。

有位大文豪在赞誉友谊的伟大作用时说："友谊真是一种最神圣的东西，不光是值得特别推崇，而且值得永远赞扬。它是慷慨和荣誉的最贤惠的母亲，是感激和仁慈的姐妹，是憎恨和贪婪的死敌；它时时刻刻都准备舍己救人，而且完全出于自愿，不用他人恳求。"

鲁迅是伟大的文学家、思想家，他具有崇高的品德和情操。这除了他本人的主观努力，加强修养外，也和他一生中所结识的良师益友对他的帮助和支持分不开。鲁迅早年从师于资产阶级民主革命家章太炎，其后又与著名教育家蔡元培结下深厚友谊；他和许寿裳、茅盾、许广平、冯雪峰、瞿秋白的友谊都为世人所称颂。他曾录前人对联赠瞿秋白，"人生得一知己足矣，斯世当以同怀视之"，以表达两个人友谊之深。择友应该以其善者而从之，这对青少年更为重要。青少年的性格正在形成，模仿性强，可塑性也很强；选择朋友时应以正直、忠诚、志同道合者为宜。而那些只凭

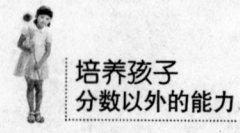

酒肉为基础建立起来的酒肉朋友是靠不住的。友谊也不能只重感情，而忽视理智。青年人感情丰富、强烈、爆发性强，认为应该无条件地满足朋友提出的要求，所谓"为朋友两肋插刀"，显然，这种无原则的交往，并不是以正确的方向和高尚情操为依据的，是不可取的。

二、这样做可以帮孩子培养友谊

1. 让孩子在与伙伴交往中产生友谊

多数孩子很喜欢与同龄伙伴在一起，家长这个时候应该有意鼓励孩子多结交朋友。家长应该多带领孩子到亲友、邻居、同事家去做客，让孩子与年龄相同的小伙伴一起游戏；也可以请小伙伴到自己家里做客。家长可在家里提供游戏场所，购置一些图书、玩具，组织小朋友们一起游戏和活动。到了上幼儿园的时候，应让孩子入幼儿园，结识更多的同伴。孩子有了朋友，一起游戏，共同欢乐，互相依恋，关系密切了，也就架起了友谊的桥梁。

2. 规范孩子的行为，让伙伴喜欢与其交往

孩子往往大都以"自我为中心"，想干什么就干什么，不会设身处地替别人着想，在与同伴交往中常常会"碰壁"。如到邻居家玩，说话不懂礼貌，不听邻居家大人的话，还乱翻抽屉，引起伙伴反感，不愿与其交往。这就需要规范孩子的行为，督促他们改正坏毛病，告诉孩子在交友中应该怎样做和不应该怎样做，并加以训练和指导，使其养成良好的行为习惯和形成活泼开朗的性格。这样，他才会受到伙伴的欢迎。

3. 引导教育孩子珍惜和发展友谊

孩子们在一起斗嘴吵架是难免的，即使是好朋友也不例外。当孩子间发生了争吵，成人要保持冷静的态度，不要为此而杜绝孩子间的往来，要

采取劝解的办法加以疏导,切不可袒护一方;要帮助孩子多从自身寻找原因,如果是自己孩子错了,要让孩子主动去赔礼道歉,鼓励孩子与伙伴和好,还要教育孩子多关心帮助伙伴,当孩子的伙伴生病时,提醒孩子主动去关心探望;要让孩子将自己心爱的东西与同伴分享。教育孩子尊重、体谅伙伴,交往中要不怕吃亏,不要处处占上风;还要鼓励孩子进行一些有意义的互赠礼品活动,如画一幅美丽的画,自制一个小玩具送给好朋友,从而不断发展孩子之间的友谊。

4.鼓励孩子带好朋友来家中做客

家长要诚恳地欢迎小客人,平时要多询问孩子:"你今天与好朋友怎么玩的?"发现孩子某一点进步时,要及时地鼓励和表扬。如孩子将好吃的食品与朋友一起分享,将图书送给同伴看,父母应该说:"这样关心小朋友,你真是个好孩子!"父母的关注以及表扬和鼓励,会大大激发孩子与同伴长期友好相处的愿望,促使孩子珍惜和巩固友谊。

谦虚的人时刻都在进步

谦虚是一个人应有的道德品质和文化修养。谦虚的核心是善于发现自己的短处和别人的长处,能够乐于采众家之长,补己之短。

谦虚使人进步,骄傲使人落后。谦虚使人清醒地认识到山外有山,天外有天,人外有人,明白世界上的知识是无穷无尽的,自己所掌握的一点儿不过是九牛一毛,沧海一粟,根本就没有骄傲的资格。骄傲的人忘乎所以,不知道自己到底有多少斤两,以为世上没有人能比得了自己,从此不再努力,迷失了自我,终会把自己毁掉。

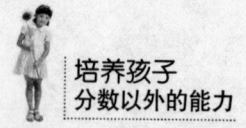

培养孩子
分数以外的能力

一、老卡尔的经验

著名神童卡尔·威特头脑聪敏,知识丰富,智力超群,他这样出色的才智,大人如果不时时注意提醒和教育他保持谦虚的态度,那他是很容易骄傲自大的。卡尔·威特之所以没有像有些孩子那样骄傲自满、狂妄自大,完全得力于父亲老卡尔的有效教育:

尽管儿子才智超群,学业优秀,但为了防止他产生自满情绪,卡尔·威特的父亲从不过多地表扬他的儿子,他清醒地认识到,孩子一旦自满起来以后就难以纠正了。他对儿子的表扬非常有分寸,绝不过分,即使卡尔学得非常好,他也只是说到"啊,不错"的程度。当儿子做了好事,他对儿子的表达稍微进一步,但也只是说:"好,做得好,上帝一定会高兴。"当儿子做了特别大的好事时,他会抱着亲吻他,不过,这样的表扬是不常有的。卡尔·威特的父亲在教给儿子知识时从不对他说这是物理学上的知识,那是化学上的知识等,为的是防止他狂妄自大。

为了防止卡尔·威特骄傲自满,他的父亲给他讲了一个关于莱恩的故事。莱恩天性聪颖,极具音乐潜能,四五岁时就已经掌握了基本的乐理知识,并且会演奏多种乐器,钢琴和小提琴演奏尤其出色,甚至还举办了个人音乐会。他的父母把他当作宝贝,逢人就夸奖他,说他一定会成为超级音乐大师。莱恩被这些过多的赞誉蒙蔽了心灵,渐渐变得骄傲自满,狂妄自大起来。他目空一切,不但不把他的老师放在眼里,甚至睥睨所有音乐大师和他们创作的杰出音乐作品,最后他还拒绝父母再给他请音乐教师。从此以后,他不再有什么进步,一生都没有任何音乐成就，只会酗酒发牢骚。

那些喜欢人前人后地把自己的孩子夸成一朵花的父母，看了这样的事例还不赶快警醒吗？

卡尔·威特的父亲在这方面保持着十分清醒的头脑。他不仅自己不过多地表扬儿子，也不让别人表扬他。每当别人要表扬卡尔·威特时，他就会把儿子支出屋去不让他听。对那些不听他劝告一味夸赞卡尔·威特的人，卡尔·威特的父亲甚至谢绝他们到他家里去。

当别人赞扬自己的孩子时，家长往往会沾沾自喜，因为人都是喜欢听好话的。对于别人的称赞，家长应该予以警惕，有的人夸赞你的孩子是出于礼貌，有的人是一种习惯，还有的人是出于别有用心，很可能是有求于你。所以，家长对这些夸奖千万不要照单全收，更要告诫孩子不要为此而自以为是。

二、这样做可以培养孩子谦虚的品德

谦虚谨慎、不耻下问是一种美德。孔圣人说过，三人行则必有我师。孔子的一生就是谦虚好学的一生，尽管他是个大学问家，一生教了3000名学生，但他并不认为自己的学问是至高的。相反，他认为自己不懂的东西还有很多，因此，他一有机会就向别人请教，不只向思想家老子请教，还向渔翁请教。那么，家长如何培养孩子的谦虚品德呢？

1. 让孩子认识骄傲的危害

盲目骄傲自大的人就像井底之蛙，视野狭窄，自以为是，严重阻碍了自己继续前进的步伐。科学家巴夫给青年人的一封信中这样写道："切勿让骄傲支配了你们；由于骄傲，你们会在应该统一的场合固执起来；由

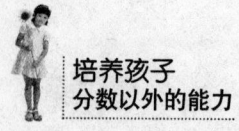

于骄傲,你们会拒绝有益的劝告和友好的帮助;由于骄傲,你们会失掉客观的标准。"当然,我们要让孩子分清楚自信和骄傲的区别。

家长应该让孩子认识到骄傲是健康成长的绊脚石,任何成绩的取得只能是阶段性的、局部的,只能作为一个起点。在学习上,知识是无边的海洋,如果一时一事领先就忘乎所以,恰恰是知识不够、眼界不宽的表现。"满招损,谦受益",家长应有意识地给孩子介绍一些成功者的经验,告诉他们古今中外凡是有所作为的人都是在取得成绩后仍能保持谦虚奋进的人。

2.帮助孩子全面认识自己

孩子产生骄傲往往源于自己的某方面特长和优势,父母应该先分析这种骄傲的基础:是学习成绩比较好、有某方面的艺术潜质,还是有运动天赋等。然后应让孩子认识到,他身上的这种优势只不过限定在一个很小的范围内,放在一个更大范围就会失去这种优势;正确的态度应该是积极进取,而不是骄傲懈怠;优势往往是和不足并存的,同时应该努力弥补自己的不足。

父母要教育孩子,取得了一定的成绩,这确实是自己努力的结果,但是不要忘记这里也包含着家长的培养、老师的教诲和同学的帮助。

3.不正确的比较往往也容易滋生骄傲情绪

在班集体中,若以己之长与别人之短相比较,孩子自然容易沾沾自喜,自以为什么地方都比别人强,因而看不起别人。父母应该开阔孩子的胸怀,引导孩子走出自我的狭小圈子。带孩子到更广阔的地方走走,陶冶孩子的情操;让孩子了解更多的历史名人的成就和才能,以丰富的知识充实头脑,使之变骄傲为动力。

用勤劳浇灌的花朵最芬芳

一、勤劳的人心灵手巧

一位国外学者花费了40年时间,追踪观察了256名波士顿少年,得出的结论是:从小爱劳动、能干事的孩子成年后,比不爱劳动的孩子在与各种人保持良好关系方面多2倍,收入多5倍,失业率低16倍,健康状况也好得多,生活过得更美满充实。劳动能使孩子获得各种能力,感到自己对社会有用。

自古以来都把"心灵"和"手巧"连在一起。这是因为劳动和制作也需要动手,手上大量的神经末梢通向大脑,促进脑神经元的发育和完善。劳动和制作还伴随着思维和想象,必然促进智力的发展。

早教专家冯德全说:"会生煤炉的孩子最懂得工作的步骤,因为他积累了经验,掌握了规律,他的能力在各种场合又互相迁移,而很少劳动的孩子就会失去一切。早期劳动和制作,还能培养起热爱劳动、热爱科学的品质,养成劳动的习惯,培养起乐于创造和克服困难的精神。从小不劳动和不会操作的孩子,他一生就可能失去以上优良的品质和品德。"

社会心理学家曾做过一项有趣的调查,调查发现:亲子之间的纠纷大多源于子女过分依赖父母,使父母感到力不从心,子女则因为某些要求没得到满足,而埋怨父母无能。

那些从小习惯于大小事都依赖父母的孩子,成人后的自立自理能力都

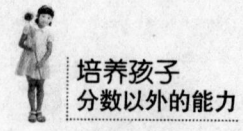

比较差，遇事总是指望父母一帮到底。随着子女的需求和父母的能力之间的差距越来越大，相互间的不满和怨言也与日俱增，以至于出现纠纷和冲突。这些孩子很少考虑自己为父母做了什么，他们把父母为他们付出的艰辛劳动看作理所当然，一旦父母失去了自理能力和劳动能力，这类人很少去尽起码的孝道。

二、这样做可以培养孩子热爱劳动的品质

1. 鼓励孩子从身边的点滴小事做起

要培养孩子热爱劳动的品质，只讲道理绝对行不通，必须引导鼓励孩子亲自参加一些劳动。这方面可以从点滴小事做起。首先要让孩子做好自己生活上的事情，比如收拾自己的房间，洗头，整理书包、书桌、文具等，然后再帮助父母干一些简单的家务活，比如拖地板、抹桌子、洗菜、浇花等。孩子在劳动过程中，家长要用欣赏的眼光来看待，对孩子劳动的成果要给予充分的肯定，要让孩子在劳动中不仅体验到劳动的艰辛，也要体验出劳动所带来的成就感。

2. 家长做一半留一半促使孩子动手

家长在做某件事时，故意留下一部分让孩子接着做。例如帮孩子穿衣服或脱衣服时，留下较简单或最后一个步骤让孩子自己动手来完成，然后结合孩子掌握的熟练程度逐渐增加相应的难度和要求，这样就很容易让孩子学会如何穿衣服或脱衣服。再例如，母亲在帮孩子洗鞋袜时，先让孩子在一旁看着自己如何洗，当洗到一半时就让孩子自己动手洗，如果孩子的操作有所失误时，母亲就要及时告诉孩子如何洗是正确的方式。给孩子整理床铺或书桌时，同样也是只整理一半，把剩下的一半留给孩子做。就这样，孩子动手能力渐渐增强，劳动意识也就形成了，当孩子看到零乱的地方，就会主动整理好。

3. 催化孩子的劳动意识

如果要培养孩子自己动手洗衣服的好习惯，首先要告诉孩子不用洗衣机的原因。不然孩子会问，有洗衣机为什么要手洗呢？当然，让孩子自己洗衣服，父母要先示范，让孩子知道如何洗衣服。如果孩子不洗衣服，父母就故意不去管，让孩子穿脏衣服，到了一定的时间，孩子自然就去洗自己的衣服了。想让孩子自己收拾房间，那么，他不收拾，你也不要管，你就让他脏乱下去，你别唠叨他，别督促他，到了一定的时间，他会收拾的。这样坚持下去，孩子如果能自己主动去做几次，习惯就慢慢养成了。家长千万不要看不下去了，就帮孩子收拾了，也不要把孩子骂一顿，或强制他去做。因为使用权威强制孩子干活，会使孩子觉得干活是一种惩罚，是痛苦的事情，于是更加憎恨劳动。这种处理方法并不能帮助孩子养成劳动习惯。

4. 用表扬和奖励激励孩子的劳动习惯

为了帮助孩子养成劳动习惯，在孩子劳动习惯未养成时期可以适当给予其物质或精神奖励。譬如，你可以先给孩子订立劳动协议，并安排劳动任务。完成一项劳动任务得1至3分，积分满15分，去逛动物园一次；积分满20分，买卡通书一本；积分满30分，就给孩子吃最想吃的东西……这样可以逐渐地巩固孩子的行为习惯。经验证明，这种办法能使孩子在短期内勤劳起来。等孩子的劳动习惯建立起来以后，你可以告诉孩子，前一段时间你表现得很好，说明你完全可以勤快起来。但是，要知道，家庭劳动是每个家庭成员的义务，前一段时间，为了养成你的好习惯，我们采用了奖励的办法，现在，你已经可以胜任一个合格的家庭成员，所以应该和爸爸妈妈一样，为家庭无偿劳动了。

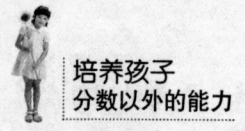

5. 鼓励或带领孩子积极参加公益劳动

公益劳动是一种知和行统一的实践活动，能体现一个人的爱心和社会良知。鼓励或带领孩子参加公益劳动，能在认知和行为两方面引导孩子形成正确的价值观，会让孩子树立起"心系他人，心系集体，心系社会"的思想观念，提高孩子的社会责任感，让他从公益劳动中体会社会对自己的期望。这些都是一个优秀人才所应具备的素质。

公益劳动可以是小到清扫楼道、清扫公共庭院、义务扫雪、为残疾人服务、到敬老院为老年人服务，大到义务植树、参加青年志愿者活动等。对于孩子参加这些活动，家长应给予及时的肯定和赞许，这会使孩子得到心理上的满足，体验到公益劳动的快乐。

6. 不要无意中挫伤了孩子劳动的积极性

孩子初学做家务时，肯定做得不太好：才学穿衣，可能穿得慢一些；才学扫地，可能会不知道先从哪里开始扫起；才学洗碗，可能会把碗打碎；才学烧饭，可能会把饭烧焦；才学洗衣，可能洗得不太干净。家长不要因为孩子做得不好而表露出不满意或不放心，这样容易挫伤孩子劳动的积极性。家长也不要在乎孩子打碎一个盘子一个碗，与培养孩子的劳动精神相比，打碎一个盘子一个碗又算得了什么呢？

7. 让孩子"享受"到自己的劳动成果

享受自己的劳动成果，是对劳动者的最大奖赏和最大鼓励。如果长期享受不到自己的劳动成果，劳动者的积极性就会逐渐消退。孩子如果把自己的房间收拾得干净整齐，家长可以组织邻居家的小朋友来"参观"，可以让孩子感到自豪；孩子经常浇花，等花儿盛开时，家长可以让自己的同事来赏花，趁机表扬孩子一番，使孩子感到骄傲；农村的孩子参与了种瓜种菜，等瓜果蔬菜成熟时，妈妈可以给孩子做一顿丰盛的菜肴，让孩子享受到自己的劳动成果,这样做可以强化孩子热爱劳动的意识,促进孩子劳动积极性的"可持续发展"。

节俭的人最可贵

节俭是人类的美德之一,它同勤劳密切相关。勤劳的人最懂得节俭的价值和意义,因为他知道一切东西都来之不易,都要付出一定的、艰辛的劳动,无论是体力的还是脑力的。

一、父母要有正确的认识

如今人们的生活水平普遍提高,年轻的父母们为了让孩子不再像以前的自己那样"吃苦",就尽力让孩子生活得舒服一些,尽可能地满足孩子的各种物质要求,让孩子吃好穿好玩好用好,一切都照高标准高水平来追求,对孩子的零花钱不加以控制,久而久之,就使孩子形成奢侈、挥霍、浪费的恶习。这样的孩子通常是不懂得生活艰难、父母的劳动成果来之不易的,在他们的头脑中根本就没有勤俭节约、吃苦进取、自力更生的观念。这样的孩子在走上社会独立生活后,往往奢侈挥霍之性不改,一旦自己的物质愿望得不到满足,极易做出一些违法犯罪的事情。

如此看来,倒不如让孩子从小多过一过"穷日子",从各个方面教育孩子学会节俭,少花钱,多动手,养成良好的简朴的习惯,这才是对孩子的真爱,是给予孩子的终生受用不尽的精神财富。

古今中外有许多人都在这方面做出了很好的榜样。北宋史学家司马光一生位居高官,但他生活俭朴。司马光不但自己追求俭朴,还把俭朴作

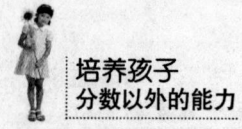

为教育儿子的主要内容。为此，他专门写了一篇论述俭朴的文章作为家书以训诫儿子——他告诉儿子，"俭，德之共也；侈，恶之大也。""侈则多欲。多欲则贪慕富贵，枉道速祸；小人多欲则多求妄用，败家丧身。""由俭入奢易，由奢入俭难。"经过司马光的苦心教育，儿子司马康从小就懂得俭朴的重要性，并始终以俭朴自律，且一生历任校书郎、著作郎兼任侍讲，以为人廉洁、生活俭朴而饮誉后世。

美国的洛克菲勒可谓世界巨富，但他却从不允许自己的孩子奢侈浪费，对孩子的零花钱严加限制，而且他本人也以节俭著称，据说他有一个账本，专门记录自己的花销情况，一丝不苟。

二、这样做帮孩子培养节俭的品格

1. 父母要做到勤俭节约

父母培养孩子勤俭节约的习惯要先从自己做起。生活在什么样的家庭，孩子就会养成什么样的生活习惯。如果父母知道节俭，不浪费，孩子自然就能学会勤俭节约。如果父母根本不注意日常生活，总是在吃穿等方面与他人攀比，孩子自然也会学会攀比。

2. 让孩子不浪费食物和学习用品

培养孩子勤俭节约的习惯就要从日常生活中的小事做起，从孩子小的时候就教起，不能等到孩子浪费的习惯已经养成再让他改，也不要认为小事情无所谓，只要不浪费重要的东西就可以。俗话说"由俭入奢易，由奢入俭难"，一旦养成奢侈的习惯就很难变得节俭了。因此，父母在孩子小的时候就要严格要求孩子不要浪费食物，吃不完的东西留着下次吃，在外面吃饭点食物的时候要按自己的饭量来确定，不能什么都要，最后都剩下。不能浪费纸张和铅笔等学习用品。衣服、鞋子能穿就行，不要总是和别人攀比。

3.让孩子通过挣钱来懂得勤俭节约

让孩子学会节俭最有效的手段就是让孩子直接参与到财富创造的过程中,让孩子学会自己去挣钱,知道挣钱的辛苦和不易,这样,孩子在生活中就不会大手大脚花钱了。比如让孩子做家务赚些零花钱。让孩子自己挣钱不是目的,而是通过这样的手段让孩子明白钱是怎么来的,并不是一张口就有的。体味到挣钱的辛苦,当然就不会随便浪费了,同时也会想到父母挣钱不容易,知道感恩父母,节俭开支。

4.让孩子看到祖辈是怎样生活的

如果父母的行为给孩子的感触不深,可以让孩子和祖父母、外祖父母多接触一下,让孩子从他们身上看老一辈人是怎么样生活的。祖辈们很多都经历过穷苦年代,他们更能做到勤俭节约。父母让孩子和他们接触,让他们给孩子讲一些早年间他们是如何生活的故事等,使孩子对铺张浪费现象有所反省,进而做到节俭。

5.给孩子准备一个旧物收藏箱

父母可以给孩子准备个旧物收藏箱,让孩子把暂时不用的东西都放进去,这样不仅能给孩子以后带来美好回忆,还能让孩子养成节俭的习惯。因为有了这样一个箱子,孩子可以盛放自己当前不想用的衣服、鞋帽、玩具、别人送的有纪念意义的东西等。当孩子需要买什么东西的时候,可以到箱子里找找,或许能让这些东西再发挥作用,这样就会节省一笔买新东西的钱。

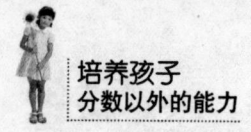

培养孩子
分数以外的能力

同情心是爱的结晶

同情心是人类所特有的一种高尚的感情，是人类区别于动物的根本之一。同情和关心他人，是情感智力的一个重要内容，它关系到孩子将来踏入社会后能否成为一个受欢迎的人。对独生子女的父母来说，孩子在这个方面的情商如何，更是关系重大。如今的中国是独生子女社会，一个孩子是3个家庭的未来，是3个家庭的希望，是6个成年人的精神寄托！如果培养出一个性格优良的好孩子，那幸福是没法形容的，但如果家里出了一个逆子，那精神痛苦则不堪言状。

一、认识同情心

无论男孩还是女孩，他们在成长的过程中自然而然都能产生出不同程度的同情心。随着他们年龄的增长，认识能力也有所改变，慢慢就能区分他人痛苦时的不同表现，并能用行动来表达关爱之情。

婴儿从降临到这个世界上开始，听到其他婴儿啼哭时就会难过，这种难过不是出自于内心的认识，而是天生就具备的，所以有些心理学家认为，这是人类同情心最早的征兆。

同情心是建立在理解他人的基础上的。心理学家研究发现，当婴儿还没有完全明白他人与自己时，便能因同情别人而痛苦。父母们在哺育孩子的过程中，可能会发现，几个月大的婴儿看到其他小孩跌倒，眼眶便泛起泪水，然后爬到母亲怀里寻求慰藉，仿佛跌倒的人就是自己。

随着对外界事物接触的增多，孩子的同情心也会增多。大约在1周岁的时候，孩子就会明白他人的痛苦是发生在他人身上的，但对于自己来说，仍有一种不知所措的感觉；到了两岁的时候，孩子看到其他小朋友在哭泣，会用小手拉着妈妈，去安慰对方；等孩子长到3岁的时候，就能把自己的痛苦与他人的痛苦区分开来，这个时候，一旦看到其他同龄小朋友哭泣，就会主动过去安慰对方……

不仅如此，同情心还是道德的基础，而良好的道德风范是高情商者必须具备的。它促使人们互相帮助的动力就是对弱势者的处境感同身受，这种设身处地的为他人着想的能力，影响每个人的道德准则。

而缺乏同情心，是件非常可怕的事情，往往是产生犯罪的根源。那些犯下惨无人道罪行的人，往往都缺乏同情心，在实施犯罪的过程中，既冷酷又无情。那些不去关心他人，行为残忍或邪恶的孩子，往往都是由家庭的不幸和早期教育的方法不正确所造成的。如果想让自己的孩子更早地去关心和爱护他人，那么，正确的家庭教育和父母的品德行为是至关重要的。应该及早采取一些措施，防止孩子变成一个只顾自己不顾他人的人。

二、这样做可以帮助孩子培养同情心

具有同情心的孩子都不会蛮横霸道，能从事对社会有益的事情，比如帮助他人，分担他人痛苦等。这些孩子会得到社会和大人的喜爱，无论是在学校和日后的工作中都会有更多的好机会，成人后能与朋友、家庭建立起亲密无间的关系。那么，怎样培养孩子的同情心呢？

1. 提供一个"健康、和谐"的社会环境

社会环境就是孩子生活中的人际关系因素，如教师与幼儿之间的关系，幼儿与幼儿以及与集体的关系，幼儿园与家庭之间的关系等，尤其

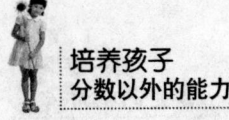

是幼儿园的整体气氛，都属于社会环境的范畴。为幼儿提供"健康、和谐"的环境，使幼儿感受到社会大家庭的温暖，感受到人间珍贵的友情和同情。

2.善于发现、保护幼儿的同情心

同情心强的幼儿能够觉察别人的困难、需要，能产生同情的情感与帮助的行为,这正是孩子同情心的萌芽，应加以保护。

3.利用教育内容培养孩子的同情心

我常常有目的地让幼儿欣赏一些具有情感性的童话故事，如《卖火柴的小女孩》等。

4.实际生活中的一些实例也是培养孩子同情心的好教材

对弱者表示同情，对暂时有困难的人给予帮助，是孩子的美好愿望，也是一种健康的心理需求。捐资助学，希望工程，为灾区捐款捐物，与贫困山区的孩子"结对子"，让孩子知道，在边远山区，还有很多小朋友生活十分贫困，他们上不起幼儿园，不能迈进学校的大门，没有老师、小朋友、教室、课本。让孩子了解那里的生活环境，了解他们的衣食住行，鼓励孩子伸出援助之手，捐出自己的压岁钱、零花钱，把自己的衣物、图书、学具无偿送给困难小朋友。

5.家长配合培养孩子的同情心

孩子同情心的发展需要父母的言传身教。由于孩子年龄小，模仿性强，具有高度的可塑性，家长是孩子最早模仿的对象，一方面家长要积极培养孩子文明礼貌的行为习惯，另一方面家长也要不断提高自身的修养和素质，为孩子树立良好的榜样。

坚强是孩子永远的后盾

要想培养出孩子坚强的性格，让孩子面对困难不退缩，父母就要改变传统的教育理念，应该把孩子看作生活的强者，经常鼓励孩子去体验、去尝试、去摸爬滚打，这样孩子才会变得坚韧起来，才会经得起摔打和种种困难的考验。有时候，父母还要有意创造点儿困难，主动让孩子去面对，从而磨炼孩子的意志。

一、坚强是一种态度

生活中有很大一部分父母"心太软"，舍不得让孩子吃苦受累，他们恨不得整天把孩子捧在手里，对孩子进行全方位的服务，例如给孩子喂饭，帮孩子穿衣服，白天接送孩子上学，晚上陪着孩子一起复习功课，甚至填写志愿，也要为孩子设计。在百般呵护中成长的孩子，无疑是"抱大的一代"，他们就像温室中的花朵，表面上娇艳美丽，一旦离开温室，放置在阳光下，很快就会因不适应气候而枯萎。

家长对孩子百般呵护，主要原因是父母把孩子看作弱者，认为孩子小懂得少，不知道怎么照顾自己。父母对孩子进行呵护，是一代一代流传下来的。例如当孩子走路时，不小心摔倒后，亲人们往往会在第一时间冲到孩子面前，急切地抱起孩子，询问孩子是不是摔疼了或哪里摔坏了。这个时候，孩子会产生示弱心理，即便没有摔疼，他们也会哇哇大哭，以此

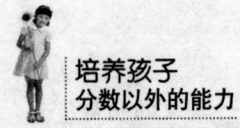
**培养孩子
分数以外的能力**

寻求亲人的抚慰。更为重要的是，孩子会在心里产生这样的想法：我是孩子，我时刻需要保护，他们就应该对我的一切给予照顾。长期下去，孩子就容易形成怯弱、胆怯的性格。

著名文学家朱自清说过："要让孩子在正路上闯，不能老让他们像小鸡似的在老母鸡的翅膀底下，那是一辈子没出息的。"想让孩子坚强，就应该把孩子当作强者，让孩子自己去站立。这样做孩子的双腿才会坚强有力，他的意志才会坚强。比如在公共汽车上，让孩子多站一会儿，让孩子知道自己不是弱者。

第一次世界大战期间，居里夫人带着大女儿到战争前线救护伤员，让她在艰苦的环境中锻炼。1918年，居里夫人又把两个女儿留在正遭到德军炮击的巴黎，并告诉孩子："要勇敢面对一切困难，在轰炸的时候不要躲到地窖里去发抖。"这种教育就是把孩子当成强者，很容易使孩子坚强起来。

二、帮孩子培养坚强的性格

坚强是人各种各样的性格中，最为优秀的一种。具有坚强性格的人，自尊、自信、自强，有坚持力、自制力，不怕困难，勇往直前，在学习和工作中不断取得成功。那么，家长怎样才能培养孩子的坚强性格呢？

1.锻炼良好的身体素质

强健的体魄是培养孩子坚强性格的基础。一个身体虚弱、瘦小无力的孩子，自然对自己的身体没有信心，心情随之也就不好，心里总会产生怕这怕那的念头，对人或做事，也积极不起来，性格也就很难坚强起来。相反，孩子的身体素质好，有信心，有勇气，就容易培养起坚强的性格。

2. 发展良好的智力和品德

良好的智力和品德也是培养孩子坚强性格的重要基础。品德良好的人，无论在任何地方都受人喜爱、尊重。人的各种心理品质不是孤立存在的，它们都是相互影响、相互弥补的。培养孩子阳光的、良好的心理品质，就可以有效地促进孩子逐步变得坚强起来。

3. 委派一定的任务

孩子在成长过程中，要让孩子知道自己是家庭的一部分，家庭的事务也要力所能及地承担起来。例如，家长可以指派孩子负责监督家庭卫生，对家庭成员的卫生状况进行检查和提出要求，这样可以培养、锻炼孩子的自我要求能力。心理学的研究也证实，让孩子担任一定的"角色"，可以使孩子的性格向这个角色靠拢。

日本心理学家长岛真夫等人曾做过一个实验：从小学5年级的一个班级中挑出8名在班中的地位较低的学生，任命他们为班级委员。一个学期后，发现他们在班级中的地位显著上升，并且这些孩子在安定感、自尊心、协调性、责任心、活动能力等方面都有明显的改善。这个例子说明，孩子性格的形成受家长和社会期望的影响很大。所以，在日常生活中，家长应当把自己的子女当作坚强的孩子来教育和培养。

4. 加强独立性的教育

独立性强的人有明确的目标，并用这个目标来支配和调节自己的行动，不指望别人的帮助，不受别人的暗示，能够主动地做事，有想把事情做好的热情。对孩子来说，需要发展两种独立性：一种是日常生活中的独立性，如自己的事情自己做等；另一种是精神活动方面的独立性，如人际交往的积极性、自信心、创造性等。许多孩子都具有第一种独立性，但是从培养坚强的性格来说，孩子更需要有第二种独立性。

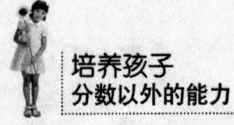

因此，家长培养孩子的坚强性格，除了要培养孩子独立生活的能力和习惯外，还应当给孩子设置力所能及的目标，为发展孩子精神方面的独立性创造条件。

5. 培养克服困难的独立性

家长应该首先了解自己的孩子现在能做什么和不能做什么，凡是孩子自己能做的，如单独活动，同陌生人谈话，与别的小朋友来往，自己完成作业等，即使有一定困难，也要让孩子自己去做。因为只有孩子经常完成具有一定难度的事情，他才能体验克服困难而成功的喜悦，从而增强自信心，变得坚强起来。

诚实是人一生的信誉卡

诚实是做人最基本的道德规范，它既是一种道德品质，也是一种公共义务，还是一个人能在社会生活中安身立命之根本，是为人的最重要的品德。为了让孩子在将来激烈的竞争中立于不败之地，我们应让孩子从小做一个讲诚信的人。这就必须从孩子的小的时候就开始对他们进行诚信教育，让孩子伴随诚信健康成长。

一、培养孩子诚实从点滴做起

培养孩子诚实的品质，既要求家长有长期坚持的耐心，与时俱进的细心，又要深深扎根于日常生活的琐碎点滴中，贯穿家庭生活和亲子成长的全过程。

家长应从小就要求孩子说真话，不说假话；做错事时勇于承认自己的错误并能及时改正；不拿别人的东西，借别人的东西要还；做到言必信，行必果。

针对社会上那种坑蒙拐骗的行为，父母要态度鲜明地进行批判，要让孩子坚信，这种弄虚作假的行为是必将受到惩罚的。这样，孩子长大以后才能成为一个光明磊落的人。

总之，父母要从点滴做起，从小事做起，塑造孩子的诚实之心。

二、为孩子做诚实的榜样

父母要培养一个有责任心、以诚待人的孩子，就要以身作则，做诚实的表率。常言道，"身教重于言教"，父母的行动对孩子来说是无声的语言，有形的榜样。

为了培养孩子的诚实习惯，在日常生活中，父母对待孩子一定要诚信，不要说话不算话。因此，父母在向孩子许诺之前一定要三思，不能言而无信，答应孩子的事情，就一定要做到；如果不能兑现，应及时向孩子解释，向孩子道歉，并做自我批评，让孩子从内心理解和原谅父母，事后父母应设法兑现自己的承诺。如父母言而无信，一而再，再而三，孩子会对父母产生不信任感，并认为说了话可以不算数，慢慢地他们也会这么做。

三、营造诚恳、互信的家庭氛围

父母要做有心人，为孩子创造愉悦的讲诚信的氛围，以感染孩子的心灵。特别是家庭成员之间应相互信任。孩子尽管年龄小，但他同样会体会到家长对他的尊重和信任。要知道从小受到尊重、信任的孩子，会更加懂

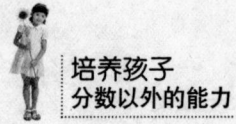

得怎样去尊重、信任别人和怎样得到别人的信任。

可以在一种轻松的环境中，告诉孩子说谎会有什么样的危害，告诫孩子说谎或许能让你一时蒙混过关，但迟早会让他人发现事情的真相，等真相大白之后，不仅会让你处于一种尴尬的境地，还会失去老师、父母、同学、朋友对你的信任，久而久之，别人就不愿意再跟你接近了。这样的话，孩子便会在愉悦互信的氛围中受到启迪，讲诚信的意识也就会逐步培养起来。

四、满足孩子合理的需要

每个父母都希望自己的孩子诚实守信，不喜欢撒谎的孩子。但是，许多孩子却表现得不如人意。究其原因，大多是由于后天的某种需要引起的，比如为了满足吃的、玩的需要，甚至是为了逃避受批评、受惩罚，这些都助长了孩子撒谎的恶习。

父母应该认真分析孩子的需要，尽量满足其合理的部分。而满足孩子的时候应该用孩子的眼光来看待事物。要分析孩子的需要，认真倾听孩子的心里话，而不要以成人的想法推测孩子的心理。当孩子向父母讲述了他的需要后，父母应该跟孩子一起分析，让孩子明白哪些是合理的、正确的，然后及时满足孩子合理的需要；对于不合理的需要，则要对孩子讲明道理。千万不要觉得孩子还小，或者觉得事情无关紧要就放纵他。长此以往，孩子就会不断地强化不良行为，形成不良的品格，最终影响到他的人生。

耐心左右着孩子的一生

从小培养孩子的耐心十分重要,能够为孩子的成长奠定基础。柏拉图曾经说过一句话:"耐心是一切聪明才智的基础。"这句话足以说明耐心的重要性。耐心被认为是衡量一个人心理素质优劣、心理健康与否的标准之一,也是孩子未来成功的关键因素之一。在心理学上,耐心属于意志品质的一个方面,它与意志品质的其他方面,如主动性、自制力、心理承受力等有一定的关系。

齐白石是中国近代画坛的一代宗师。齐老先生不仅擅长书画,还对篆刻有极高的造诣,但他并非天生具备这种能力,而是经过了刻苦的磨炼和不懈的努力,才把篆刻艺术练就得出神入化。年轻的时候,齐白石就特别喜欢篆刻,但他总是对自己的篆刻技术不满意。后来,他向一位老篆刻艺人虚心求教,老篆刻家告诉他说:"你去挑一担石头回家,要刻了磨,磨了刻,等到这一担石头都变成泥浆,那时你的印就刻好了。"于是,齐白石就按照老篆刻师的意思做了。他挑了一担础石来,一边刻,一边磨,一边拿古代篆刻艺术品来对照琢磨,就这样夜以继日地刻着。刻了磨平,磨平了再刻,手上不知起了多少个血泡。日复一日,年复一年,石头越来越少,而地上淤积的泥浆却越来越厚。最后,一担石头终于统统都被"化石为泥"了。 这坚硬的石头不仅磨砺了齐白石的意志,而且使他的篆刻艺术也在磨炼中不断

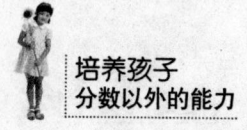
培养孩子
分数以外的能力

长进,他刻的印雄健、洗练,独树一帜。渐渐的,他的篆刻艺术达到了炉火纯青的境界。

由此可见,耐心对齐白石学习篆刻的重要性。如果齐白石失去耐心的话,根本不能成就他在篆刻艺术领域的成就。成功的路上没有捷径,只要有耐心,坚持不懈地做下去,一定会得到我们想要的东西。

一、孩子缺乏耐心的表现形式

培养孩子的耐心不仅仅对学习有帮助,而且对他们今后的人生道路也有很大的帮助。我们知道,小孩子做事缺乏耐心,动不动就耍脾气,遇到很小的困难就会放弃。作为家长,首先要判断孩子的行为是不是缺乏耐心,然后根据孩子的具体情况,帮助他们改掉坏习惯。一般情况下,缺乏耐心的孩子会出现3种倾向:暴力性、依赖性和散漫性。

1.暴力性。这是孩子缺乏耐心的最大特征。孩子被迫做自己不愿意做的事情或得不到想要的东西时常常会失去控制,主要表现在尖叫、打人、骂人等方面。刚出现这些症状时,他们还会在内心中自责,如果父母这个时候不加以管教,一旦孩子的坏习惯形成,其自责感就会消失,连家长的劝导都听不进去,反而会使性子和发火。

2.依赖性。碰到稍微陌生或有一定困难的问题,孩子便失去了独自解决问题的意志,转而向他人求助,这种依赖性强的孩子渐渐会变得意志薄弱。

3.散漫性。没有耐心的孩子做事肯定不会坚持多久,便放弃了,因而他会显得注意力低下、散漫,表现在玩玩具时,看看这个拿拿那个;参加钢琴、美术、书法等学习班,没有一个能坚持下去的。

二、孩子的耐心需要家长来培养

家长最了解孩子,要想培养孩子的耐心,让孩子能持之以恒,下面介绍几种方式,供广大家长参考:

1.家长要做出榜样

许多孩子没有耐心,是因为家长对孩子的要求往往也是虎头蛇尾。家长要注意不能让孩子养成半途而废的行为习惯。在开始一种新的活动之前,必须让他结束正在进行的活动。如果让孩子去洗澡,应该提前告诉孩子画好这张画后,就去洗澡,然后在孩子洗澡之前提醒他认真检查画到底画完了没有,这样可以培养孩子做事有始有终的良好习惯。

2.要找孩子感兴趣的方式来引导孩子

最简单的方式就是找一些图文并茂的儿童画报或儿童故事书,以讲故事的形式告诉他耐心的重要性,让孩子从心里知道耐心有多么重要。

3.让孩子独立解决问题

无论是谁都不喜欢困难的问题和费力的事情,但看到孩子做题慢或做不出来就将答案告诉孩子的办法是错误的,应该培养孩子独立解决问题的能力。

4.不要过高地要求孩子

孩子不是为了满足家长的欲求而出生和存在的。家长应该让孩子做自己喜欢做的事情,并对孩子给予关注和鼓励。

5.给孩子设置一点儿障碍

家长应该有意识地给孩子设置一点儿障碍,为孩子提供一些克服困难的机会。因为耐心是由坚强的意志磨炼出来的,越是在困难的环境中,越能锻炼孩子的耐心。要告诉孩子做事不能半途而废,做好一件事要经过努

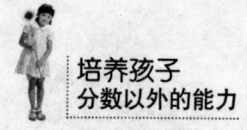

培养孩子
分数以外的能力

力才能完成。孩子经过努力完成一件事时，应该及时给予表扬，强化孩子做事有始有终的良好习惯。

6.玩益智玩具

让孩子玩一些具有开发智力功能的玩具，例如积木类。一个个小木块堆积在一起组成不同的形状，在这个过程中锻炼了孩子的耐性。此外，剪纸同样也是一种培养孩子耐性的好方法，沿着画好的线小心地裁剪，自然而然地锻炼了孩子的耐性。

7.多玩团体游戏

与单独玩相比，多玩一些团体游戏可以使孩子养成遵守规则的习惯，在等待游戏的过程中，锻炼了孩子的耐性和团结协作精神。

8.从容易的教材入手

对于没有耐性的孩子而言，一开始就接触较难的教材，会使孩子丧失学习兴趣。如果从简单的教材入手，等孩子能很好地理解时再稍增加难度，这样一来，孩子在一点点独立完成学习任务的过程中便逐渐提高了耐性。

欣赏是一种美德

培根说："欣赏者心中有朝霞、露珠和常年盛开的花朵，漠视者冰结心城，四海枯竭。"学会欣赏，生活将变得多姿多彩。欣赏是一种美德。在平凡的现实生活中，每个人都渴望得到来自别人的真诚欣赏。欣赏是一种处世之道，是一朵心底盛开的花；欣赏是一股涓涓的暖流，给人带来鼓舞和动力。俗话说：好孩子是夸出来的，好文字是赞美出来的。发自内心的欣赏，会让一切变得美好。每个人都希望能得到别人的欣赏，同样每个人都应该学会欣赏别人。

欣赏是一种人与人之间的理解和沟通、信任和肯定、鼓励和引导，它可以使人扬长避短，健康地成长和进步。让孩子学会去欣赏别人，对孩子的成长十分有意义。每个人身上都有优点和缺点，能够看到别人优点的孩子比总能看到别人缺点的孩子更快乐，也更受欢迎一些。所以，作为家长，一定要鼓励孩子多去欣赏别人，在带给别人自信的同时自己也收获了愉悦。一个会欣赏别人的人，是自信的、快乐的、勇敢的，而且开放的。而这项本领，需要从小培养。很多家长认为，让一个不懂事的孩子懂得欣赏别人，难度很大。其实并非如此，生活中的点点滴滴都是极好的素材，就看你怎么使用。那么，家长应该怎么做，孩子才能学会欣赏别人呢？

一、要先让孩子学会欣赏自己

专家指出，一个会欣赏别人的人，首先要学会欣赏自己，而要学会欣赏自己，就要有自信；要想有自信，就要有成功的感觉；要想有成功的感觉，就要有机会做到，也就是经常有完成自己能力范围内的任务的机会。而当他完成时，还能及时地从周围的人得到具体的反馈，对他的努力与进步表示肯定。

所以，对家长来说，重要的是多提供一些难度与孩子能力相当的事让孩子去完成。这样的事有一定的技巧，一个很重要的方法是把学习或要完成的东西进行分解，而不是要求孩子一步到位。

比如走路，所有的孩子都不是一下子就会走路的，如果要求他一开始就会走、走得好，对他的自信只能是一个打击。而应把走路这件事分解为很多阶段，比如扶着东西走、走走爬爬、走得摇摇晃晃……孩子每完成一

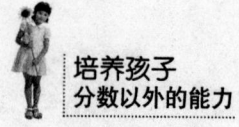

个阶段,都是付出努力的,这个时候要给予鼓励。

二、创造机会正面引导

家长要多给孩子创造机会,让孩子知道被人欣赏是一件很舒服的事,之后他才会去欣赏别人。只有付出同样努力的人,才会欣赏别人的成就与努力,因为只有努力过,才知道要做到某个程度,需要付出多少工夫。比如,当他看到一株芍药开得非常好时,他会发出欣赏的话语:这个花开得太好了,你是怎么种的?能不能教我?面对这样的孩子,相信没有人会不喜欢。小朋友多去经历,才能知道其中的难处,而且在这种经历中,得到正面的、积极的引导,才能学会欣赏别人。如果在他经历时,总是遇到挫败,他会放弃。家长首先要会欣赏自己的孩子,要认同、肯定孩子的每一点努力与付出。在这样的环境中成长,孩子自然而然地也会欣赏别人。

三、家长多给孩子经历的机会

在孩子的学习与探索中,有一个问题要注意,就是很多家长常帮倒忙,总是忍不住要伸手去帮孩子,其结果是剥夺了孩子发现自己的机会与权利,这对自信心的构建没有丝毫的好处。其实,在孩子的成长过程中,每个孩子都天然地会去发现自己,并从中感受自己的能力。比如婴儿翻身,他很努力地翻,但开始时总是不能成功,一边的家长如忍不住用手推一下,帮他一把,这样做的结果是让他体验不到自己翻过去的成就感与快乐。而事实上,孩子完全可以自己完成翻身这个动作,而且他还会找到一个自己最舒服、最有效的翻身方法,在完成翻身这个动作的过程中,他会体会并找到自己的优势。

家长要做的,就是给孩子一个鼓励的眼神,或跟孩子说:宝宝,你这次翻得不错,你好努力。让孩子知道家长明白自己的努力,就足够了。这样,孩子会有勇气继续尝试新的东西,他的自信也会建立起来。而孩子知道被人欣赏是一件很舒服的事后,他才会去欣赏别人。

第二章 让快乐伴随着孩子成长

美国家长认为快乐是孩子最重要的情绪，是否拥有快乐的情绪对孩子身心发展有着极其重要的意义。就身体发育而言，快乐能使人的各方面机能达到最佳状态；就心理发育而言，快乐给人积极向上的力量；就学习而言，快乐的情绪能使大脑处于积极的接收和运转状态，从而发挥出最佳的学习效能。美国的早期教育恰恰是要"给孩子一个快乐的童年"，他们要让孩子先做快乐天使，再当聪明宝宝。可以肯定，让孩子在快乐中成长，有利于孩子的身心健康。

快乐教育势在必行

有的孩子因为读书忘了吃饭,有的孩子因为学习忘了时间,有的孩子却因为玩而忘记了做功课,而大多数的孩子看动画片看得像进入了角色,百看不厌,全然不顾身边的事情。读书学习也好,玩也罢,总之孩子是被吸引了。孩子对自己做的事情倾心入神了,这就表现出了孩子的兴趣。

一、兴趣是快乐教育的前提

兴趣是孩子主动去学习的动力。孩子愿不愿意学习是对学习有没有兴趣的问题,对学习有兴趣,他们的学习就有了主动性。

在教育中应时时注意提高孩子的学习兴趣,这几乎是每一个成人都懂的道理,但绝大多数的成人很少设身处地地为孩子着想,他们一般是不管孩子有无兴趣或愿不愿意,而是只要自己认为需要就要孩子去学、去做。家长有时为了自己的面子和自己的设想,而强迫孩子做他不喜欢的事,摁着孩子的头强迫孩子学习的现象层出不穷,随处可见。现在,社会上的好多孩子被卷入了种种学习高潮的旋涡。家长为孩子能够学有所成尽心竭力,费尽心血,但回报给家长的却是事与愿违的结果。

在没有兴趣的情况下学习,学习就成了一种痛苦;在强迫下的学习几乎就是在受煎熬。很多家长认为,面对我国现在的教育趋势,不能等孩子有了兴趣再学;对于学习,孩子有兴趣要学,没有兴趣也要学,不能由着孩子的性子来。这样,孩子在学习的过程中就成为被强迫的对象。

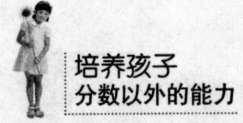

培养孩子
分数以外的能力

　　作为一个长者，无论是家长还是老师，要注意时刻为孩子展现一个五彩缤纷的、未知的世界，以供孩子们去探索。天真的孩子对世界的一切都感到新奇，这是好奇心。好奇心是人所共有的，有一位作家曾经说过："好奇心造就科学家和诗人。"满足孩子的好奇心，驱使孩子激发出对好奇内容的兴趣，是家长应该操心的重点。

　　另外，要主动地帮助孩子解决一个个的"为什么"和"怎么办"。在孩子需要援助的时候，家长和老师要主动地助他一臂之力，为孩子提供成功的可能，使孩子在学习中享受到成功的喜悦，在成功中使孩子对学习的内容感兴趣，而不是对"学习"一词感兴趣。这也是家长和老师要操心的内容。

　　想办法提高孩子的学习兴趣，这是解决孩子学习的有效途径。当孩子对学习没有兴趣的时候，最需要家长帮助孩子找到兴趣的所在，利用孩子的爱好和对某些方面的兴趣提高孩子的自信，慢慢地使孩子从没有兴趣到产生兴趣，从有一点儿兴趣到兴趣浓厚，由只对个别问题有兴趣到兴趣广泛，并逐渐地转移到对知识的学习上。这是家长和老师应该操心的核心。

　　在教育的过程中，家长的作用应该是培养而不应该是泯灭孩子的兴趣。家长做的一切应该使孩子感兴趣的事物越来越广泛，孩子由此而产生的求知欲越来越旺盛；防止孩子感兴趣的事物越来越少，只限于对课本内容的学习，甚至于要强迫着才能完成学习的内容。兴趣是求知的火焰，也是小火苗，你的教育是使火越烧越旺，还是使火苗越来越小甚至熄灭，取决于教育的方法与内容。

　　衡量一个家长是否称职，不在于他为孩子操了多少心，不在于为孩子付出了多少辛苦，不在于他的文化素养高低，更不在于他是否富有，是否有支付孩子参加各种活动、接受多样教育费用的能力，而只在于他是否善于用适合自己孩子的智力、个性、习惯特点的简洁有效的方法，去提高孩子的学习兴趣，去利用有利的时机将孩子的兴趣嫁接到学习上。有了兴趣，孩子就从心理上有了学习的积极性，学习的问题自然会得到根本的解决。

比如，家长都期盼着孩子能主动地看书。现在很多孩子喜欢看一些没头没尾、语句不完整的翻译后的以图画为主、文字为辅的书，到了初中还没有看完一本长篇的作品，家长就是尽力地引导，孩子也转变得很慢。可有的孩子多看了几本长篇的作品，家长又认为孩子的阅读耽误了正经的学习，便开始加以限制，限制的结果就是把孩子刚刚建立起来的读书兴趣破坏掉了。家长如果把眼光放长远一些，对孩子的限制少一些，再给孩子一些自由支配的时间，孩子会发展得更好。要确信，孩子只要对内容健康的书产生兴趣，他们就会"乐此不疲"。家长不仅要有使孩子产生兴趣并使兴趣逐渐扩展的能力，还要具有将孩子的兴趣逐步地趋于集中和稳定的能力。

二、尊重孩子的兴趣

兴趣是开启智慧之门的金钥匙，父母要尊重孩子的兴趣，让孩子学想学的。

有的孩子每天背着大堆琴书，苦着脸坐在钢琴上练琴。孩子的家长也许会说："我们有能力送她来学。现在的孩子多幸福，想要什么有什么，我们小时候……"确实，社会发展了，家庭经济条件好了，社会对人才的要求也更高了，我们要顺应社会的发展。但是，无论怎样的教育，首先要尊重孩子的兴趣。

在结构游戏中，向来能干、听话的马杰站在一旁，任爸爸怎么鼓

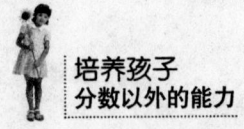
培养孩子
分数以外的能力

励、劝说,甚至责备也不肯参与游戏。

爸爸问他:"你不想搭公园,那你想玩什么?"

马杰说:"想搭一架飞机。"

"我批准了你的想法。"爸爸当即说。

于是马杰高兴地玩去了。

其实,对于家长来说,搭公园和搭飞机差不多,关键在于孩子本身是否感兴趣。对于有兴趣的东西,孩子会产生一种强烈的学习欲望,并在学习中产生一种满足感、愉悦感。而有许多家长,总要求孩子像大人那样坐着,聚精会神地看书,对孩子感到十分好奇的东西却不准他摸,甚至不准问。这样教,孩子没有兴趣,他便无法发挥主动性,根本就学不好。久而久之,孩子是会产生压抑、厌恶、叛逆心理的。

在尊重孩子的兴趣时,我们最主要的是充分了解孩子,调整期望值,因材施教。

总有一些家长,对孩子的期望过高,今天拿唱歌跟这个比,明天拿画画跟那个比。能力强的孩子还好,比出了自信;能力弱的呢?比出了自卑,比出了压抑,比出了越来越沮丧的心情。如果每位家长能充分了解自己的孩子,制订出相应的目标,让每个孩子都在自己的水平上得到适当的发展。那么,孩子学起来将会轻松愉快,家长也将成为一名教育的智者。

让孩子在游戏中成长

一、玩是孩子的天性

玩是孩子的天性,特别是幼儿非常喜爱玩游戏,玩起来甚至可以废寝忘食。游戏不带任何强制性,它是一种自由轻松、充满乐趣的活动。在游戏中,他们可以最大程度地体会到快乐。同时,游戏又是一种特殊的实践活动,它对幼儿的整个身心发展都能起促进作用。在玩沙玩泥时,孩子能体验沙泥的物理特性;在玩劳动游戏时,孩子能体验劳动者的高尚情操;玩七巧板,可以培养创造性;玩配对卡,可以提高数字理解能力……既然有这么多孩子玩起来开心、学起来轻松的游戏,我们何不好好利用起来,让孩子快乐、学习二者兼得呢?这可比坐在桌前麻木地写"1、2、3、4"成效要高得多。

有很多家长,因为孩子身体不好不让他去草地与朋友追跑;为了整洁,对孩子的游戏加以限制。孩子们在活动中失去了自由,就像笼子里的小鸟无法飞翔。不知这些家长有没有见过沙滩上的孩子,他们卷起衣袖,拿上小桶,嘻嘻哈哈地忙个不停。脸上的红润被泥沙和汗水掩盖了,衣裤上的色彩更是荡然无存,可他们的欢乐是在家无法比拟的。这些孩子是幸运的,这些孩子的父母是智者,因为他们知道:衣服、手、脸可以洗干净,而快乐是买不来的。

当然,给孩子自由是有原则的,那些有害于孩子身心发展的迁就和

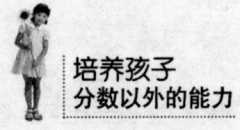

放任我们绝不能给,无原则的迁就和放任的结果往往也是危险的,不快乐的。

二、在游戏中也能学习

对孩子而言,游戏不仅仅是嬉戏而已,更是幼小的心灵在无穷无尽地探索与学习。借着游戏来激发幼儿的好奇心,运用他小小的身体去感受周围的每件物体,可以借此培养他在行为上的思考能力和智慧。家长无须刻意设计有趣的游戏,因为即使是很简单的事情,对你的孩子而言,都是愉快的学习和游戏经验。但当你刻意地和你的宝贝一起玩时,你正在做一件非常重要的工作。你给孩子购买的任何一个玩具都是一个教育的工具,所以切不可随便购买玩具。

在孩子较小时,任何事情他们都会以游戏的心态来对待,所以你一定要在陪他玩时,让他学到有益的东西,让他的这段游戏时间成为最有意义的学习时间。

寓教于游戏之中,对帮助儿童扩大知识领域、陶冶性情,促进德、智、体、美、劳各方面的发展,尤其对儿童的智力开发有着不可估量的作用。

但许多家长并不知道怎样对待孩子的玩。做家长的不要把"玩"简单地理解为玩,也不能把和孩子一起"玩"只当成玩,而应当把它看成是有益于孩子身心健康的活动。

例如捉迷藏,起初孩子可能会因为找不到父母或小朋友而大哭大喊;也可能藏得破绽百出,顾头不顾尾,只要背过去看不见别人,就以为别人看不见自己了;有时你问他藏好了吗?他竟回答藏好了,把目标提前暴露出来,让人忍俊不禁。不过,慢慢地,孩子就会捉迷藏了,在他的脑海里便能够描绘出一幅图画，他知道父母或小朋友会藏在什么地方，自己隐藏时也更为隐蔽。这项活动不仅能够促进孩子的智力发展，而且能够使他们学会怎样和小朋友相处，怎样处理好人际关系。作为一个"社会人"，必须学会如何与人打交道，怎样与人友好相处。捉迷藏的游戏就是孩子学习"社交"知识的第一课。

三、游戏是快乐教育的最佳途径

游戏能够通过玩这种特殊的活动形式，给予孩子身心发展的需要。

君君是家里的独生子，他的父母恐怕他在与人交往中学坏，从小不许他和其他人接触。他永远是一个人玩，一个人学。他没有上过托儿所和幼儿园，因为家中有爸爸、妈妈、爷爷、奶奶、外公、外婆轮流着照看他，家里所有的人都围着他转，两代人为他一个人服务。在这种环境下，君君从不懂自己会有错，一切事情都任他为所欲为。上小学后，他还要同学和老师围着他转，一切都要如他所愿，如若不然就采取暴力。这样，他与同学发生了许多矛盾。在与同学发生矛盾的时候，老师不能批评他，必须批评与他有矛盾的同学。他的观念和行为几乎使自己无法与同学们相处，老师只好把他单独安排，以免矛盾的发生。这样，在小学的几年里，君君没有一个朋友，他感到很孤独，但又不会和同学交往。

君君未来的生活确实令人担忧。这种缺憾是不好弥补的，当然，这也不是仅参与游戏就能解决的问题，但缺乏与同伴一起游戏，肯定是造成君君性格缺陷的原因之一。

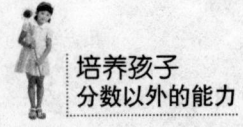

**培养孩子
分数以外的能力**

在玩的过程中,孩子之间在学习上的交流比与成人交流更为容易,孩子对从中获得的信息自然易于接受。孩子之间在玩的时候相互学习的速度高于课堂内学习的速度。所以,有的家长在教训孩子时总是说:"功课你记不住,玩你怎么记得那么清楚呢?"反过来想一想,实际上就是这个道理。

在游戏的过程中,孩子可以玩出许多与学习知识有关的好习惯、好个性、好经验。特别是在孩子某些个性品质的形成上,没有比多参加同龄伙伴的游戏更有效的方法了。

另外,群体性的游戏对孩子更大的好处,是使孩子们能和伙伴们相互鼓励、相互促进。比如,孩子们一起游泳时,从岸上往水里跳,对于某些孩子来说,这个本不敢做的动作,在从众心理的驱使下也不得不做,而且一做就成功了。如果是和父母在一起,恐怕孩子是不敢完成这个家长也认为危险的动作的。即使家长希望孩子做,但由于在父母面前的依赖和自娇,本来就缺乏勇气的孩子此时就显得更加怯懦了。

现在,学校里几乎没有带领孩子们进行这种锻炼的机会,在家长眼皮下又学不会,家长还不撒开手让自己的"宝贝"和其他孩子玩,这样下去,诸如上述各方面的能力恐怕孩子一辈子也学不会了。只有在游戏或学校集体活动的情况下,才有可能形成从众的心理,克服个体的胆怯,实现自我的突破,这在目前独生子女较普遍的情况下,对于孩子的成长是极重要的。

对孩子来说,没有游戏的童年是狭隘、禁锢、死气沉沉的童年,这种生活禁锢了孩子的发展。因为这种生活没有给孩子留下童年的欢乐,更可怕的是它无法为孩子日后的社会生活提供丰富的背景经验。

当前,孩子玩的内容随着科技的发展进入了新的阶段。比如,电脑游戏迅速地来到了每一个家庭。在这种游戏中，孩子触摸到了带有计谋、推理、解密等内容的内涵更丰富的玩法，领悟到了现代科学发展的状态。

家长千万不要误认为游戏中都是乐趣。实际上，孩子在游戏中也体验着痛苦的经验和悲剧的情感。孩子在游戏中不可能总是成功者。当孩子在游戏中扮演失败者时，他们都会从中品尝感情的挫折。孩子在玩的过程中会遇到疼痛、失败、嘲笑等刺激，会产生恐惧和忧虑，但是从经验的角度讲，孩子的这些痛苦的感受也是另一种意义上的经验。

简单的游戏里含有不容忽视的对孩子的发展具有积极意义的内容。孩子们在游戏中娱乐，学习，自我表现，获得各种体验……千万不要轻视这既简单又充满情趣，并且能快速提高孩子各种能力的方法。

四、如何与孩子游戏

家长与孩子做游戏时，要注意以下三个方面：

1.游戏要配合孩子成长阶段和学习速度

父母在和孩子玩耍时，不可太过严格地要求游戏的规则。以孩子的速度来进行，耐心和爱心是游戏的准则和秘诀。例如：当我们手拿玩具希望他来拿时，要给孩子一些适应或热身时间，还要有一些耐心。千万别在孩子尚未领会时，就把玩具放在他的手中。如此一来，可能会扼杀了孩子的游戏心情和对事物的好奇心和热诚。

2.购买玩具时应注意选择开发智力及多带有启发性的玩具

孩子的玩具不一定是商店中的名贵和名牌玩具。家中的锅子、筷子、盒子，都足以引起孩子的好奇心和探索的欲望。所以别将玩具的种类局限于市面所卖的玩具。当你为孩子选玩具时，安全是首要因素。另外，颜色和年龄也是考虑的范围。父母切不可心急于孩子成"龙"成"凤"，过早

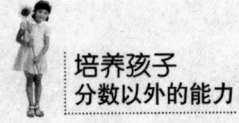

购买不适合孩子年龄的玩具。无论是市面所卖的玩具或家中的物品,凡是太小、太尖锐、多角、易碎或太重的东西都不是理想的玩具。有油墨的纸张(报纸)、药品或清洁用品更要收好,千万别让一时的大意造成一生的遗憾。

3. 游戏要配合孩子当时的情绪

孩子和我们一样也有情绪,不同的心情有不同的游戏方式。例如,当孩子的心情很好时,他想要玩些活泼及有竞争性的游戏,像追逐、摔跤之类。但是当他情绪低落时,相同的游戏只会令他害怕、烦躁、生气。这时静态的游戏就比较适合了。

快乐情绪需要培养

如今,"教育从零岁开始"已经深入人心,中国早期教育蓬勃发展,正成为一股势不可当的时代潮流,大多数父母都希望有一个聪明的孩子,所以对早期教育情有独钟。然而,在实践中,在广大家庭甚至幼儿园,早期教育往往有一种跟风走的现象。很多家长追求智力开发,望子成龙,望女成凤,制订一系列的早期教育方案:识字、背唐诗、算算术……在早教热中,着实培养出了一些聪明的高智商儿童。当前提倡素质教育,家长和老师们又匆匆调整行装,将"艺术教育"改为"素质教育",带领孩子们弹钢琴、学画画、练舞蹈……于是有"特长"的孩子越来越多。

不难发现,在这些教育实践中,往往暴露出理解的片面性和教育的专制性:家长将早期教育与早期智力开发等同,把单一的艺术教育与素质教育混为一谈。殊不知,促进幼儿素质全面而和谐的发展才是早期教育的目标。更为主要的是，这些教育行为只体现了教育者自己的功利性思想，他们忽视了一个重要的因素：在做这一切时，孩子是快乐的吗？你所教的他想学吗？作为家长，最主要的是培养孩子的快乐情绪，我们要注意以下两点：

1.家长本身要拥有快乐的情绪

孩子的可塑性强，好模仿，易受教育者潜移默化的影响。父母要创设一个良好的心理环境，并注意自己的情绪、性格、为人处世，做到乐观豁达，不要把自己的坏情绪传递给孩子。

2.及时帮孩子摆脱不良情绪

现在的孩子多以自我为中心，往往有时因为一点儿小事不高兴，或哭或闹或闷在心里，这时应注意引导孩子，教会孩子心情不好的时候出去活动，转移注意力，调整自己的情绪。如带孩子爬山，鼓励孩子唱歌，用画画的形式将不良情绪表达出来……

丰富孩子的感情世界

一、重视孩子的情感需要

国外有关专家经过数十年研究发现，注重孩子快乐的性格，有利于孩子的健康成长。教育学家希望家长掌握孩子身心发展特点，重视孩子的情感需要，在笑声中塑造灵魂，给予孩子快乐，让孩子快乐地学，给予孩子一个快乐的童年。那么，怎样才能给孩子一个快乐的童年呢？

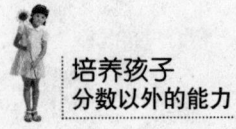

**培养孩子
分数以外的能力**

1. 保持家庭生活的美满和谐

家庭和睦,是培养孩子快乐性格的一个主要因素。资料表明,在幸福的家庭中成长起来的孩子,成年后能幸福生活的比在不幸家庭中成长起来的孩子要多得多。因此父母认为怎样做能令人快乐,就应该身体力行去做,而且要向孩子解释为什么他们感到快乐。专家说:"缅怀以前快乐的日子,并清楚地提出追求快乐是你的人生目标,是很重要的。"

2. 密切与孩子之间的感情

让孩子懂得与人和睦相处、与人关系融洽是快乐的一个重要条件。父母不能完全支配孩子的社交生活,但却可以通过与孩子的亲密关系,引导他如何与人相处。父母可以尽量安排孩子常与别的孩子一起玩,如参加同龄儿童的游戏活动,或带孩子到游乐场跟小朋友玩耍。要是父母能随时欢迎孩子的朋友到家里来玩,那就更好。

3. 限制孩子的物质占有欲

因为给孩子东西太多会使其产生"获得就是得到幸福的源泉"这样一种错觉,所以应结合事例教育他们,人生的快乐不能仅与物质财富的占有画等号。

4. 给孩子提供决策的机会和权力

其实,让孩子们自由地做一些选择,是培养他们形成快乐性格的一个重要方面。如听任两岁的孩子吃西红柿而不吃黄瓜,或让6岁的孩子从父母准许他看的电视节目中挑一个来看。随着孩子年龄的增长,他就会自己决定更重要的事情,也就会更开心。

5. 培养孩子广泛的兴趣

快乐的人能从很多方面得到快乐。某个孩子可能因为错过了他喜欢看的电视节目而整晚都不开心;但另一个兴趣广泛的孩子,他就会改为看书或做游戏，同样自得其乐。父母平时应注意孩子的爱好，为孩子提供各种兴趣的选择，并给予孩子必要的引导。孩子的业余爱好广泛，自然容易拥有快乐的性格。

6. 教导孩子不屈不挠

应使孩子明白，有些人一生快乐，其秘诀在于有适应力很强的心理状态，这使他们能很快地从失望中振作起来。在孩子受到某种挫折时，父母要让他知道任何困难都会有一线转机，前途总是光明的，并教孩子注意调整心理状态，使他恢复快乐的心情。倘有经过孩子努力也没能扭转的情况，父母便应该帮助孩子寻求安慰自己的办法，可以听音乐、看书，向别人倾诉心声等。

二、走进孩子的内心世界

俗话说：大人有大人的事，孩子有孩子的事，各自都在为自己的事而忙碌。实际上也正是这样。在大人的眼里，孩子们的许多行为举止、爱好动作往往很幼稚可笑，然而它却是孩子们眼中最美好的世界，是他们的天堂和乐园……

那么如何才能走进儿童的世界，破译儿童的秘密呢？

一位妈妈领着孩子在田野里散步。孩子突然挣脱开妈妈的手，蹲到一株美丽的花朵前，说了许多悄悄话。等孩子站起来后，妈妈奇怪地问："你在干什么呀？"

"在和花儿说话呀，我告诉它好多事情呢！"

"那你为什么要蹲下去呀？"

"站着说话它听不见呀。"

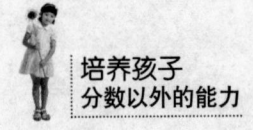

**培养孩子
分数以外的能力**

妈妈明白了，只有当他们平行的时候，才能更好地实现心灵的沟通。于是妈妈牵着孩子的手，在他面前蹲下来，看着孩子的眼睛说："妈妈也蹲下来和你说话，好不好！"这时孩子的眼里闪动着兴奋的火花，他大声嚷嚷着："好，好，你是好妈妈，你是我的好朋友。"

显然，这位妈妈是一位好妈妈，她得到了孩子的认可，也走进了孩子的内心世界。

三、加强与孩子的沟通

孩子与成人之间的最大障碍便是缺乏沟通。如果家长能在孩子小的时候便和他建立起和谐的关系，当他逐渐长大进入青春期时，这扇和谐之门必然是打开的。

如果想达到这个目标，最主要的是尊重孩子，即使你暂时不同意他的意见。你只要常常静下心来仔细想想孩子所说的话，你便会意外地发现孩子思考能力的进展非凡，孩子能够将自己所认知、观察和吸收的知识加以组织、综合起来，然后下结论总结出一套属于自己的想法。然而，你却常对孩子宝贵的意见轻易地表明反对、不赞同的态度，并且强迫孩子接受你的想法，以自己的模式来塑造孩子的个性、心理和人格。从孩子的角度来看，这就是独裁。不过这并不是指父母不能或不应该影响或指引自己的孩子，而是不应该强迫孩子的行为必须完全遵照你的模式。

每一个孩子都有很强的适应力，孩子自己能够感受，能够应对在生活中所碰到的人、事，依照自己的模式渐渐形成属于个人独特的人格。

为人父母者的责任便是引导孩子，所以你必须懂得引导的方法。观察孩子的行为、了解其行为背后的目的，这是相当有效的途径。如果你能进一步了解孩子的想法，那么收获一定更大。这并不难做到，因为小孩通常都很自然地表达自己的意思。但是如果你对孩子的想法及所表达的意思加以责难、批评，孩子会很敏感地不再轻易表达自己的意见，以避免这种不愉快。渐渐地，你与孩子之间的沟通之门就关闭了。

相反的，如果你慷慨地接纳孩子的意见，一起讨论，将可能的结果分析给他听，诸如："你看会发生什么事情？""然后呢？你认为会怎么样？"这种引导方式能更有效地教会孩子如何解决生活中所遇到的问题。

你不应该苛求孩子的想法、意见永远是"正确的"，一味地批评孩子的想法"不对"而推崇自己的意见"正确"，这只会使孩子愈来愈不敢开口。

四、与孩子交谈也要讲艺术

研究表明，大多数人都是通过"看"获取他们对相关周围世界的信息，然后将这些视觉形象加以讨论、分析和加工。这种将信息转化成观念信仰和因果行为的过程包括"听"和"说"。问一些能够让孩子充分思考，能自由回答的问题，而不仅限于回答"是"或"不"。如：

"你对这种情况有何评价？"

"你认为……的结果如何？"

"如果……你会怎么做？"

"如果……你认为将会发生什么事？"

"你认为是什么原因导致这种事情的发生？"

让孩子发表观点，完整地听孩子所讲的话。如果你在某一重要原则上表示不同意孩子的看法，应告诉孩子，你不赞同他的什么观点，并说出理由。在提出你的反对意见时不要过于武断，说出你不同意孩子的哪些表

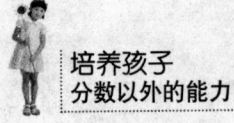

达，而不应否定一切，然后再说出你的看法。

让孩子投入谈话之中。交谈需要花费每个人的一些时间，最好是在一种让每个人都有同等机会参与的轻松气氛中进行。

谈话应自由自在，任意发挥。谈话没有什么仪式安排或预期达到的结果，大家可以随意交流观点和看法。

谈话应充满幽默和笑语，避免在思想方法上走弯路。

谈话内容应丰富而有价值。它可以建立一种人际关系，也提供一个让人们交流思想、表达感情的机会。

最好的一个谈话场所是餐桌旁。安排每周一次的家庭会餐，理想的应是一天一次。进餐前大家一起进厨房做好准备，然后围坐桌旁，边吃边谈。

下面是一些进行谈话的恰当时机：

当你们在公园游玩时，静静坐在某一僻静之处，可以一边观赏人们和公园的景色，一边交谈；

当你与孩子一起散步时；

开车途中（不播放音乐）；

当你们手端一杯茶（或饮料）围坐在火炉旁休息时；

与孩子共同看完一本故事书后。

你与孩子进行的谈话越多，你就越感到你们容易相互交谈。这些谈话的时机将给你更多的回报，更好的结果。你的孩子将学会如何表达自己的思想，形成自己一整套思考观点、价值观念和对行为的评价看法。

五、尊重孩子的观点

家长必须承认对事物的看法并不是唯一的。如果发现自己的孩子对事物的看法和你不同时，必须特别当心处理这个问题，万一你的话使他感到没面子或很窘时，他可能会把那扇信赖之门关上。

你应该慷慨地接受一些不同的意见或想法。"也许你是对的，你好好地思考、推敲一番，然后再看看结果怎么样？"如果情况允许，每一个人都愿意重估、证实自己的看法，不是根据死板的"对"与"错"的观念，而是以实际的结果作为判断的基础。

如果你希望孩子改变意见，你就必须向他证明另一种方式确实能得到更好的结果。你必须承认孩子也是营造家庭和谐的一分子。孩子的意见和观念是很重要的，因为这些是他行为的根据。

你不可能阻止孩子做自己也认为错误的事情，因为孩子就是要故意犯错以便达到自己的目的，你的劝阻只会增强他犯错的意志而已。孩子觉得自己有权力表达自己的意见，所以你不可能以一般的逻辑观念来说服孩子，我们应该了解一种心理、逻辑——当一个人知道某种行为能够吸引别人注意或获得某种权力，或能更肯定自我意识时，即使明知道这种行为是错误的，孩子也会去做。聆听孩子表达意见就是在发掘他的逻辑思维能力。如果你真的要帮助他，就应该引导他从不同的角度去看问题，从而发现自己没看到的一面。

例如喜欢权力的孩子也可能同时希望得到别人的爱戴。事实上，这两者兼得是很困难的。因而你需要同孩子沟通，使他明白这个观念。孩子心里明白，如果想当老大，就不太可能受到同伴的爱戴，因此孩子必须决定在两者中选其一。如果你直接告诉他：你想当老大就不可能有同伴会喜欢你。这种态度只会加深他的敌意。"别人对老大有何看法？""他应该怎么做才能两者兼得呢？""他可能同时当老大又受同伴爱戴吗？"这一类的问题会启发孩子发现他所扮演的角色会面临的问题。另外他也必须承认

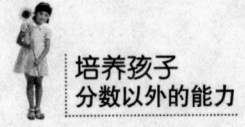

这一切后果都是由他自己所选择的。

假如爸爸听到两个孩子在下棋时发生了争吵,因为其中有一个人耍诈。他决定暂时不介入他们的争执,而准备在一种比较和谐的气氛下,把这个事件拿出来讨论:"你们都知道欺骗是不对的,而且又会破坏融洽的气氛,彼此伤和气,为什么不按牌理出牌呢?以后不要再犯了。"虽然他的语调和缓,不愠不火,但是这只是说教,而不是讨论;这是逻辑,而不是心理分析。

爸爸可以过几天后再同孩子进行讨论:"我想知道一件事。"这时孩子一定会觉得很好奇,爸爸到底想知道什么呢?然后他才进一步说:"假如两个人在玩游戏,但是其中一个人骗了另一个人,结果会怎么样?""他们会吵架。""你想那个人为什么要骗人?"爸爸可以从孩子的回答中了解他们的想法。其中一个孩子说:"因为他想赢。"或者"因为我不想每次都输。"最后,他可以问:"这样的结果,游戏还有乐趣吗?你们认为那个耍诈的人要如何面对被欺骗的人?这两个人会不会因此懂得如何公平地玩游戏?要怎么样才能使游戏有趣但又不会伤害彼此?"问完这些问题,爸爸对于整个事件的真相了解之后,他可以说:"我很高兴知道你们的想法,你们给我很大的帮助。"

"命令孩子"只是主观地告诉孩子我们的想法,并要求他遵从我们的话去做,意味着要求他有服从的心态;而"与孩子讨论"则是我们与孩子共同追寻解决问题的方法或者共同改善某些情况,因此对于家庭的和谐以及让孩子了解他的行为都比较有效。

与快乐一路同行

一、乐观

生活中我们不时会发现,有的孩子年纪不大,可他们的神情却很忧郁,他们怕生人,怕说话,怕做错事。家长抱怨:"这孩子怪怪的,不知怎么回事。"别的成年人也不愿接触这样的小孩,连小朋友们都不跟他们一起玩乐;在学校里,热闹的地方找不到他们的身影;在家里,他们很少与父母家人说话,喜欢缩在自己的小房间里。这类小孩如不能改变,长大之后,他们极有可能成为悲观主义者,甚至患上精神疾病。

与之相反,乐观的孩子活泼可爱,思维活跃,常有令人惊喜的表现,他们的将来也可预见:事业上的成功者,幸福家庭的组织者。

孩子的乐观首先来自于家庭里的和谐、幸福气氛,来源于父母的乐观、自信、幽默、豁达,来源于父母能够切实地帮助孩子正确对待并战胜他面临的困难,将自己的乐观精神感染给孩子。这样,即使他在以后的生活中碰到这样那样的困难,遭到或大或小的挫折,他也能始终保持健康的心态;具备心理承受力,振作精神,想方设法克服困难,实现既定的目标。尽管世界变化无常,他仍会充满信心,因为父母已使他相信一切美好的东西。一个对自己的童年充满幸福与温馨回忆的人,他的心中会永远洋溢着幸福。

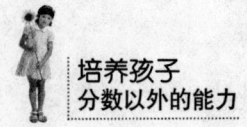

培养孩子
分数以外的能力

艾玛有两个小孩,一个5岁,一个还不到3岁。与艾玛同龄的姑娘们在有了一个孩子以后,都抱怨自己被弄得筋疲力尽。艾玛有两个孩子,同时她还要边工作边准备自考,艾玛怎么能把这一切都弄得很恰当呢?

艾玛回忆说,是她的父母给她树立了榜样。当年她生活在一个大家庭,兄妹众多,家中事务自然繁杂。可妈妈从来不埋怨,不叹息,乐呵呵地做着一切。妈妈年轻时候没有机会读书,到了40岁,她才开始读书学习,不断地吸收各种知识,并适时地把它们传播给孩子们。

"只要你要求,妈妈一定办到",这是艾玛的妈妈给她的印象。她相信妈妈,她爱妈妈。

爸爸也是这样,有时他也会责备孩子们:"我说过多少回了,别拿路边这个可怜的人寻开心。"可说完后,他又会用平和的、充满爱意的语调安慰孩子们:"孩子,你看,那条小金鱼游得多欢快!"

有时爸爸不知从哪里弄来的幻灯片,让孩子们躺在沙发上,看天花板上的幻灯。有时还有真的木偶剧,而导演、编剧以至全部演员都是爸爸一个人。

爸爸永远给孩子们一种坚实的力量,孩子们认为世界上最聪明、最坚强、最正直的人,就是他们的爸爸。

艾玛的乐观来自于家庭的幸福,来自于父亲良好的性格、毅力及正确的教育方法。而艾玛的孩子也将会继承家族的乐观与坚强,勇敢地笑对人生。

从艾玛父母的经验看，培养孩子坚毅乐观的性格、精神可注意如下几方面：

1.作为父母要以身作则

对人生、生活、挫折等要有正确的观念，即使面临极大的困难，也不要在孩子们面前表现出一幅唉声叹气、无能为力的样子，除非事情直接关系到孩子，需要孩子一起来面对困难。即使这样，父母也应传达给孩子一种克服困难的信念。

2.父母对小孩的举止、行为不可苛刻

孩子画的牛可能像头猪，或者什么也不像，你也不应直言不是。你可以先称赞一番，然后再鼓励，引导孩子："你再多看看，多想想，一定会画得更好。"孩子编了一个也许并不动听的故事，乐滋滋地跑来告诉你，你亦不应无动于衷，可以点头微笑以示赞许，也可以自己说个笑话与他同乐。做父母的每天抽出一点儿时间与孩子一道游乐，会令孩子特别开心。

3.树立一个实际的目标，让孩子自己努力去实现

当孩子不断看到自己努力的成果，乐观、自信自然会充溢孩子的小脑袋。切记，少用或者不用否定性的，伤害孩子积极性、自尊心的批评，应用积极的、建设性的批评。批评愈多，孩子丧失的自信心愈多，乐观更无从谈起。即使孩子真的犯了错，也应该在客观的分析、指正之后，再教他日后应对的方法，而不应过多地替他惋惜。

4.父母无意中造成孩子忧郁的性格

父母以为开心、欢乐与培养出一个好孩子并不是相辅相成的，"安安静静，守规矩、听话"才是好孩子的通常标准。父母生怕孩子过于快乐，会把心玩野了，不好好读书，不服管教；或者是孩子的玩乐打扰了自

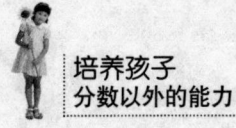

己的工作、睡眠而感到极度厌烦,于是就有下列情景的发生:孩子们正无比开心地打闹,或者正专注于某一游戏,父母突然绷着脸大声斥责:"翻天了,还不知道去做作业。""玩、玩、玩,就知道玩,怎么不见你学习这么认真!"或者说"你自己瞧瞧,画的什么玩意,越画越差,一点儿没脑子!"

对孩子来说,生活就是游戏,游戏就是生活,快乐来自游戏。开心游乐,孩子不仅心情好,感到满足充实和幸福,而且还会在玩乐中,特别是在与小伙伴们的群体游戏中,学会怎么理解、观察,怎么模仿、发挥,如何调整自己的行为,成为群体生活中一个不可缺少的角色。

二、自信

每个父母都希望自己的后代是有头脑、会独立思考的人才,但若没有自信心的支持,很难培养出真正独立、有开拓精神的人才。

培养孩子自信的个性,最简单有效的方法就是不断鼓励他,肯定他的成绩,表扬他每一次好的表现;当他失意低沉时为他打气,帮他战胜挫折与困难。

美国家教专家认为,从婴儿时期开始,我们就应该鼓励儿童,帮助他们确立一种信念,只有通过努力才能找到在家庭、社会中的地位。

英国教育专家认为,要发现鼓励自己孩子的最有效的方法,最重要的一点是深入地了解自己的孩子,透彻地了解自己的孩子。每一个孩子都有不同的特点,这就决定了我们的方法也是不同的,这就需要家长花时间去找到这种不同之处,给孩子们机会让他们自行选择、决定,使之看到正确结果,这才是最好的培养自信心的正确办法。

孩子喜欢做新鲜事情并具有很强的模仿能力，有的时候大人做什么孩子也会跟着做，这时父母应该鼓励他，并在孩子做事的过程中传授知识，而不是去阻止他，打击他的积极性和自信心。

例如当饭后妈妈收拾桌子时，大多数孩子会主动跑来帮助妈妈，而大多数的妈妈则会夺下孩子手中的碗碟，然后说"孩子，你还小，会把这些东西摔坏的"，甚至大声地训斥孩子做了不该做的事情。

这种情形一次次出现，孩子的积极性会受到严重打击，他们会真的认为自己非常弱小，自信一点点被清除掉，天长日久，他们再也不会主动做家务，懒惰随之而来。许多父母就这样在不知不觉中犯着使自己的愿望不能实现的错误，一方面想让自己的孩子成为有益于社会的出色的人才，另一方面又不允许孩子用不同的方法去发现自己的能力，培养自信心。这类父母做的一切恰恰与其愿望相反，他们限制了孩子的发展，打消了他们主动做事情的积极性。

大多数英国人都懂得用鼓励和表扬的方法去培养孩子的自信心，而且知道在什么时候什么情况下不失时机地鼓励和表扬孩子。这样才能从根本上扶植孩子的自信，使他们明白自己应该做什么，怎样做。

大人在教育孩子时最容易犯的错误就是事先假定孩子什么也不做，什么也做不好，所以事事都会阻止他们自己做，都要替他们做。殊不知，这么做会使孩子慢慢地对自己失去信心，失去了自己努力去探索、去追求、去锻炼自己的自觉性。这样，大人们也忘记了只有通过各种锻炼和磨炼才能使孩子成为一个有用的人的道理。

英国人都在努力避免这样一种先入为主的错误，他们是用激励的办法促使孩子主动做事情，而不是以年龄画线去阻止孩子做某件事情。英国的

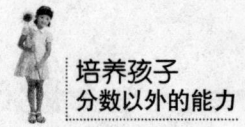

培养孩子分数以外的能力

儿童5岁便入小学读书，比其他国家的儿童入学年龄都小。"你能做好"是英国父母大脑首先设定的一个前提，他们认为孩子和大人一样能把事情做好，孩子随时随地都应该学习生活的本领，尽管他们可能学不好或者做错事情。但其中的道理和大人学习做事情是一样的，有成功也有失败，不能因为失败而影响孩子自身的价值，关键在于孩子是否敢于失败，敢于面对失败，同时还要确保他们的自尊心和自信心不受到影响。所以应该鼓励孩子主动做事情，既不要打击孩子，也不要过分表扬。因为过分的表扬容易使孩子产生骄傲的情绪。总之，适当地对孩子进行鼓励和表扬，让孩子得到一种自我满足，增强自尊感和成就感，从而不断加强他们的自信心和自信力。

其实，说破了，鼓励是简单的，有时甚至仅仅是一句话、一个赞美、一次交谈。但是，这看似简单的一个鼓励，却显示出父母高超的教育艺术与博大的胸怀，更重要的是，能激发孩子巨大的自信心。

快乐教育让棍棒走开

一、棍棒教育不可取

传统的教育方式，"棍棒教育"极为普遍，所谓"棒下出孝子"，是传统教育方法的生动写照。社会上流行的说法是，"不打不成器"，仿佛"打"对孩子有很大裨益似的。更有甚者，主张"没有惩罚，就没有教育"。

现代社会普遍认为打（体罚）孩子若失分寸，过了火，便成了虐待儿童的暴行、劣行了，因而立法禁止在肉体及心灵方面虐待儿童，法律制裁任何成人对儿童造成任何程度的身心伤害。主要的理由是责打儿童，一方面可能失手造成伤害，另一方面，对儿童的心理和人格成长都会造成挫折和损伤，影响他们健康成长。

许多家长认为，孩子屡教不改只有打骂。可是他们没有想过为什么孩子不听自己的。

惩罚孩子，只是消极地处理违规行为的办法，动辄责打，是迁怒和发泄成人情绪的下下策。"打在儿身，痛在母心"，即使责打孩子，父母也心痛并承受同样的精神痛楚。若在这种原则下，再讲惩罚的分寸、方式、力度问题，然后理智地选择较人道的方法去处理，这种东方教育传统中恩威并重的手法，是否全盘否定，是值得大家深思熟虑的。

原则上，家长不能打孩子，教师更不能惩罚孩子，通过适当的方法实现教育的目的，是父母和教师的天职。然而，教育家A·马尔库沙建议，当孩子肆意破坏，对无辜的生物下毒手时，家长不宜等闲视之，应理性审视犯错程度，征询专家意见后，在不造成身心伤害的原则下，给他们吃点儿苦头，让他们了解尊重生命的重要性。

二、惩罚孩子要掌握分寸

体罚孩子最常用的方法是责打和禁闭，相对而言，禁闭较为温和一些。

禁闭孩子是使孩子在受罚的一段时间内，与现场隔离而使情绪安定下来。年纪稍大的孩子还有机会来检讨一下自己的行为。很多家长就指定

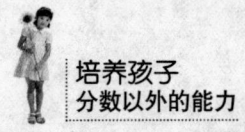
培养孩子
分数以外的能力

孩子面向墙壁站着或坐在某一张椅上不得活动。隔离和禁闭不在乎时间的长短，普通来说孩子的情绪在15分钟左右已安定下来，所以时间不必太长久。这种体罚不是要孩子受苦，而是形式上的一种责罚，使孩子对某种不良的行为留下深刻的印象。

禁闭孩子要注意两点：一是若把孩子禁闭在房内，要留心房内的安全，比如向街的窗户是否容易开启而让孩子跌出；二是房内有没有容易发生危险的电灯、风扇或其他电器，房内是否空气流通、光线充足。在美国，很多父母喜欢把孩子关在衣橱内，使孩子在黑暗中受惊，这实在是相当残忍的刑罚。很多孩子在屡次受惊后，就患上了"怕黑症"。

责罚孩子不必用五花八门的方法，很多父母喜欢每次用不同的方法来责罚孩子，一会儿罚孩子拉着耳朵，一会儿要孩子含着筷子，一会儿又命令他头上顶着重物，一会儿又要孩子像练武功似的站马步。这些都是相当无聊且没有什么效果的方法，倒不如把时间花在如何去了解孩子的心理并辅助他们正常发展。

还有更残忍的一些责罚孩子的方法，如让孩子跪着，用针、竹签、剪刀等锐器扎刺孩子，用烟头、火棍烧灼孩子等，如此用不同的刑具来摧残孩子的方法更是不可取。应该说不管孩子有无错误，都不能如此残忍地责罚孩子，凡是这样责罚孩子的家长都应该好好地检查和反省一下自己。在教育孩子时，父母应该：

1. 树立自己健康的心理

家长作为一个社会人，如此责罚孩子反映出的实际上是家长的不正常、不健康的神经系统和心理疾病，做家长的应该警惕和注意，及时治疗。否则，如此下去，实际上也会将孩子培养成凶残、暴戾、不讲理、不冷静等不健全、不健康的性格，这样的孩子走上犯罪道路的可能性极大。

2.要有法律观念

孩子不是自己的私有财产，是社会的财富，有独立的人格和人权，国家、社会要保护他们，未成年人保护法里有明确规定，家长这样的行为是犯法的，是要受到法律制裁和约束的。

3.树立良好的道德观念

在社会活动中对别人都要表现出宽大为怀和仁慈、同情、怜悯，更不该对一个孩子如此铁石心肠。

三、批评孩子要讲究方法

批评是教育孩子的一种方法。我国民间有句俗话："不骂，孩子就不晓得厉害。"

但是怎样批评却大有学问，因为简单、粗暴的责骂不但不能使孩子心服，感受到父母对他们的关怀，反而易引起孩子的反抗。这种叛逆心理一旦形成，就会造成父母和子女间的隔阂和冲突。也有的大人责骂孩子时，孩子根本就不理会，他既不顶嘴也不反抗，就是不听，你骂你的，他做他的，日积月累，孩子越变越坏。

在具体的事情上，不同的批评、评价孩子的思想、方法，也会给孩子的自我形象造成好坏悬殊的影响。

批评时不能伤害孩子的自我形象，批评必须讲究艺术，必须谨慎地运用语言，不适宜的责备语言会有严重的副作用。美国著名的儿童学家基诺尔曾分门别类地将10种典型的伤害性语言一一列举：

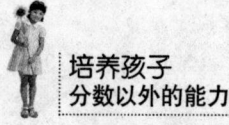

1. 抱怨——你竟然做出这种事，太让我伤心了。

2. 责备——你又做错事，简直坏透了。

3. 威胁——我和你妈妈以后再也不管你了，你想走就走吧！

4. 讽刺——你可真替爸妈争光啊！居然可以考出50分的成绩。

5. 哀求——我的小祖宗，求求你不要这么做好吗？

6. 恶言——傻瓜、蠢货、没用的东西。

7. 贿赂——你要是都考满分，暑假带你去旅游；你要是考不好，那就在家里啃书本吧。

8. 压制——住嘴！你怎么可以不听我的话！

9. 侮辱——你简直是个废物。

10. 强迫——我说不行就不行。

有的父母对孩子过多地批评，不但束缚孩子的主动性，也会扼杀其创造精神。

总而言之，父母应该了解孩子的心理，理解孩子的心情，弄清事情的原委。对孩子的过失不夸大，也不掩饰。责备时，冷静而又热情，不使用偏激的语言，字字句句都说在一个"理"字上。要使孩子感到亲切，感到爸爸妈妈是讲道理的；目的在教育自己学好，教育自己做事做人，完全是为了自己好。绝不能使孩子感到委屈，感到冤枉，或者感到父母蛮不讲理。因此，在训斥孩子时，父母既要严肃，又要冷静，同时还要满腔热诚。

四、体罚孩子时要手下留情

在某些特殊的情况下，不反对以体罚孩子来达到教育的目的。不过，对于年龄过小的孩子,以体罚来教训他们收效一般不大。因为孩子小,不懂事,联想力和理解力不高,你打他,他觉得疼就哭,哭完了,又再次做错。

孩子到了六七岁左右,开始渐渐懂事,认识到要遵守规则,否则会受到责罚,到了这个时期,做父母的应该花些时间去向孩子解释原因并细心劝告,非到万不得已的时候,不要随便责打孩子。在责打孩子时,要注意的是不要伤害孩子的身体,以免给孩子造成终身遗憾。

到了非要责打孩子不可的时候,一般来说,"最安全的刑具"还是父母的手掌。因为当我们打孩子时,孩子痛,自己的手掌也痛,也就是说孩子受了多少痛苦,做父母的心里明白,这就可以决定停止的时候。而且用手掌击打孩子,孩子受过皮肉之痛后,不会留下永久的伤痕。

最危险的就是手里拿着东西便打下去,若用利器、硬物打在幼嫩的皮肤上,轻则红肿,重则皮开肉裂,甚至骨骼折断。

另一点家长必须注意,孩子身上很多地方是不宜受打的,比如头部和颈部都是神经线集中的地方。神经线或脑部受伤会影响身体其他部分的机能,而且严重时会使身体某部分终生残废。一般来讲最安全的地方便是孩子的手掌和屁股。很多家长因一时气愤,会一巴掌打在孩子的脸上。这种做法会引起孩子心理上极大的创伤,非常不妥。因为父母责打孩子的目的是要使他认识并改正错误,而不是要使他心灵永受伤害或损害他的自尊心,这一点家长实应注意。

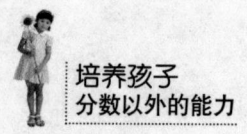
培养孩子
分数以外的能力

别让青春期蒙上阴影

一、青春期也是"多事期"

青春期是人生最灿烂的阶段,但也是人的一生中最为烦恼多事的时期。青春期是少男少女性生理发育成熟和性心理开始形成以及开始走向心理独立的转折时期。由于食物结构的改善和营养水平的提高,现在的孩子进入青春期的年龄普遍提前,小学高年级学生已开始了性生理发育并出现第二性征。相对而言,青春期教育和辅导却由于种种原因严重滞后,由此给青少年带来了青春期的种种心理、精神以及行为方面的问题。其中,以早恋、不正当的两性交往方面的问题为主。

由于社会开放和文化变迁的大环境影响以及各类传播媒介的普及性诱导,少年儿童受到大量的有关性问题的信息刺激,也间接地促成了其青春期的提前到来。

青春期是一个多事之秋,由于性生理开始发育,少男少女逐渐萌发了性的需求和欲望,渴望得到发泄,渴望同异性进行交往,并且进而渴望得到除长辈之爱、朋友之爱以外的男女之爱。但是,许多青少年却缺乏了解异性的途径,不敢大胆地去接触异性。在这种既渴望接触异性但又缺乏胆量的情形下,往往会产生羞涩甚至负疚的感觉。

以下是两位花季少女的心声:

第二章
让快乐伴随着孩子成长

我是一个上高一的女孩,虽然明知在求学时不该交男朋友,但是17岁是个爱幻想而又寂寞的年龄,所以苦恼的事就层出不穷了。

去年,我们学校外出旅行。在公园里,我看见了高我一年级的君,现在我也形容不出当时心里的感觉是什么,我只知道自己很喜欢他,想和他接近,这正是一个好机会。

我有位同学和君是邻居,她知道我喜欢君后,说她可以帮我介绍和君认识。不久后,我拿了两张照片叫她拿给君,并说出我的心意。

我自己也知道,这样做太冒昧了,但苦于没有其他更好的方法;更糟的是,他并没有在意,偶尔在路上遇见了我,也只是和我点头笑笑,我们的关系仅此而已。

大约过了半年,也就是3个月之前,我们又时常见面了。

君主动邀请我去看电影,我不知是矜持,还是自尊心在作祟,竟一口拒绝。连我自己也莫名其妙,为什么拒绝一个自己喜欢的人的邀请。我想爱但又害怕,而我只想到自己——我要高高在上,对于他的来信,不是不理不睬,就是在回信上令他难堪。因为我要别人知道是他在追我,而不是我先喜欢他,只有这样才能维护我那点儿可怜的自尊心。

最后,他不来信了,我们的关系弄得很糟。我不是不喜欢他,而他也爱我。只因为我微妙的心理,致使我和他快到了破裂的边缘,我该如何来恢复我和他的感情呢?

我是一个性格乐观、热情大方的女孩子,我不但成绩优秀,而

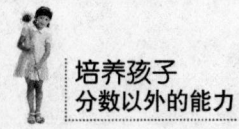
培养孩子
分数以外的能力

且还担任了班上的团委书记一职，几乎学校每次的文艺活动中我都是主持人，我表演的节目总能夺得一个不错的名次。可能我的长相还不错，平时追求我的男孩子很多，但是在我的观念中不是理想的对象就干脆不理，免得将来酿成悲剧，因此我始终对他们避而远之。可是最近我似乎爱上了转学到我们班只有一个多月的他，其实他长得并不怎么帅，与我见了面最多打个招呼而已。也许就是因为他并不想讨好我，反倒使我对他欣赏极了，他在我眼中是至高无上的，并不像一般男孩子那样平庸俗气。

我开始注意他的上学路线、他来往的朋友以及一切有关他的琐事，假如有一天看不到他，我就会很难受。最近我更是失魂落魄的，只是想哭，我不知道我在期待什么，又似乎是失去了什么，总之我痛苦极了。

我如此想念他，是否已爱上了他？

我神情懊丧，时时注意着他的一举一动，这种情形是否是我在单恋？

更为要命的是，临近毕业了，我的成绩却下降了不少，一向以我为豪的妈妈开始骂我"不争气"了。其实我知道问题出在哪儿，可就是解决不了。现在我脑子里想的都是他，赶都赶不走，我该怎么办才好呢？全都是因为他我才落到今天这地步，可他却什么都不知道……唉，我是不是快完蛋了？

青春期对于这个年龄的人来说，是一个急剧的转折，心理上、精神上变化太快，要求太多，几乎可以说是一种过重的负担。相对于人的一生来说,这是一个心理上的危险时期,心理学家则称之为心理断乳期。

有句话说得好——哪个少男不钟情?哪个少女不怀春?其实,人在青春年少的时期,都有性爱欲望,都会萌发谈恋爱的念头。我们无意视性爱为洪水猛兽,但也不能任其泛滥。正如人饿了就要吃东西,但也不能因为好吃就拼命地吃。于是我们就要考虑,有些东西可以多吃,有些东西应该少吃;有些东西不能吃,有些东西可以暂时不吃。如婴儿吃脱脂奶粉,稍大后吃半脱脂奶粉,再大些后才能吃全脂奶粉。

对于青春期的少男少女,恰当而有效地接受心理卫生教育,特别是青春期的性生理、性心理、性伦理等方面的教育,就显得极为重要。因为它不仅关系到青少年心理的发育成熟和精神世界的充实完善能否顺利完成,同时还将长久地影响到青少年将来的心理行为。

二、与孩子大方谈"性"

天下有多少父母可以与自己的孩子大大方方地谈性知识?且不说中国父母,就是一些西方发达国家的父母也是羞于与孩子论及"性"的。中国父母总觉得和孩子谈"性"是一件羞于启齿的事,更是一件有失家长威信的事。有的父母认为"性"是一件无须教育的事,到时自然就会懂了。还有一部分家长甚至认为孩子不懂还好,懂了可能会诱发他的好奇心去尝试,走上犯罪道路。

这些看法表明家长一方面不了解孩子对性教育的极度需要,另一方面也表明家长对性教育存在着不正确的认识。

可是,封闭的青春期性教育给孩子酿成的人生悲剧还少吗?

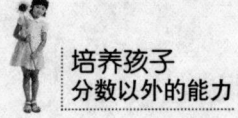

**培养孩子
分数以外的能力**

一个刚上初中二年级的女生怀孕已达6个月之久,而其父母和女孩本人却全然不知,还是在学校每期开学时的例行体检中被校医发现的。女孩的父母得知这个消息后,差点儿没气晕过去。女孩直到这时才知道事情的严重性,可她自己也弄不懂为什么会是这样!女孩在极度的惊吓与恐惧中被推上了人流手术台。在手术中女孩大出血,经过医务人员的全力抢救,总算救回了女孩的性命,可是由此而产生的心灵创伤要到何时才能恢复呢?经过这么一折腾,女孩的父母才懂得青春期教育的重要性,可是为此付出的代价未免也太大了吧?

某报曾报道了一个青春期的孩子由于无法摆脱性困扰而发展成性变态,最后自缢身亡的事件。他在日记中写道:

春天来了,我的心莫名其妙地躁动难安。在爸爸妈妈和老师的眼里,我是一个听话的"三好"学生,而我内心的痛苦有谁知道?老师说,青春期是危险的年龄,稍不留神就会滑向邪恶的深渊。可是要想克制内心的欲望又是多么痛苦啊!女孩子的每一丝笑意,每一个灿烂的微笑,每一次回眸,都让我怦然心动。我也很清楚,要跟她距离远一点儿,再远一点儿。然而,我做不到,慢慢地用这种方式来解除内心的痛苦。没想到每次体验到的感觉竟是如此美妙,真是欲罢不能。我上瘾了,有谁能来拯救我呢!

这些令人痛心和不幸的事件是任何一位家长都不愿意也不希望看到的,它为广大家长们敲响了警钟:青春期性教育势在必行。

性教育实质上是对孩子进行的一种人格教育。通过科学的性知识学习，可以使他们正确地认识和对待自身变化发展的规律，正确处理自己与异性、他人、社会的种种人际关系，能够变被动为主动地适应自身在生理和心理上所发生的种种变化，把本能的性欲望升华为高尚的道德情操和精神追求。所以，性教育不仅不是"教唆犯"，恰恰相反，它能帮助青少年正确地对待性。

在美国，一些开明父母即使面对一些幼小儿女的"性"问题，也能做到认真应答。一位美国妈妈是这样跟她的子女说性知识的：

有一天珍妮（8岁）、史蒂文（6岁）、黛安（4岁）围坐在厨房里餐桌旁吃麦片粥，我在给他们炒鸡蛋，珍妮冷不防地问："我知道婴儿是在妈妈肚子里长大的，可它是怎么进去的呢？"

我心里想，如果我说以后再解释，那只会使这个问题蒙上神秘的色彩，赋予其原本不该有的重要意义，我急切地思索着……最后还是决定解释清楚。

"这样，"我说，"当爸爸和妈妈互相亲热的时候，他们喜欢靠得很近，接吻拥抱，妈妈肚子里有许许多多微小的卵子，爸爸有一种特殊的液体叫精液，当一个偶然的机会二者结合时，精液能使其中一个卵子长成婴儿。就这些。""我明白了。"珍妮说。然后没有人再发问了。

相关教育专家认为，不管是多小的孩子，只要他向父母问起有关性方面的问题，父母都不可含糊应付，应该毫不窘迫地回答孩子提出的第一个

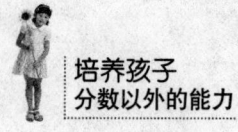

问题,否则,一旦孩子意识到有的话会使父母不自在,他就不会再提起它了。而实际上,性知识会从其他源头滚滚而来,例如游戏的伙伴、书本、杂志或电影。

在对步入青春期的孩子进行性教育的方面,我们可以参考美国性教育专家戈尔顿教授的方法:

1. 家庭性教育最好通过与孩子拉家常的方式展开

在日常生活中,父母可以借助某一性问题方面的事情来打开话匣子。如果父母希望用教科书来解决问题,这样可能不会有好的效果。

2. 让孩子明白了解一些性交和节育方面的知识并不等于允许他们过早地这样做

父母既要让孩子知道性交、节育是怎么一回事,更要使他们懂得过早地这样做,有害无益。如果父母老是说"你还小,不能那样",反而会引起孩子的反感。

3. 要善于回答孩子提出的性问题

父母对青春期的孩子应增加性问题方面的透明度,不要对孩子特有的好奇心横加指斥,应该通过循循诱导来抹掉孩子心理上对性问题的神秘感,使他们能够正确地对待性问题。

4. 分散他们在性问题上的精力

音乐、体育、舞蹈、艺术等多方面的兴趣爱好,能分散孩子对异性的注意力,要加以培养。同时,鼓励孩子从事一些力所能及的劳动,这也对转移孩子的注意力大有裨益。

5. 要随时关心孩子

孩子进入青春期后,父母尤其要注意自己的行为,否则会引起孩子某种心理恐慌。父母的关爱能给孩子宽慰，否则，孩子有可能倾心于别的异性，并从异性那里寻求安慰。

6.做出有说服力的、易被孩子接受的"约法三章"

任何父母都不可能把孩子关在家里到20岁，过多的限制往往会引起孩子们的反抗，也是不恰当的。一些父母试图通过禁止孩子与异性交往，防止性问题的发生，往往是徒劳的。

绝大多数孩子与异性的接触时间是在放学后，所以，有必要对孩子"约法三章"：

（1）家中没有大人的时候，不能把异性朋友带到家里来；

（2）孩子的舞会应有大人陪伴参加；

（3）舞会场所不能提供酒类等有刺激性的饮料。

7.教育孩子集中精力创造一个美好的未来

父母应该让孩子懂得只有集中精力去学习知识，增长才干，才能为美好的将来打下好的基础。

个人也只有在未来条件成熟之后再去考虑个人问题，个人性生活才会美满。

三、教导孩子远离色情垃圾

某新闻媒体曾报道过这样一件事：北方某省一中学发生两起初一、初二学生集体淫乱事件。公安机关通过调查发现，涉及此案的男生几乎都不同程度地看过色情录像。一名老师眼里的优秀学生曾3次溜进一位15岁少女的家中对其不轨，事发后他一再表示自己是因爱慕女孩而为之，并且承认是看了色情刊物、色情录像才模仿去做的。最终他被判处4年有期

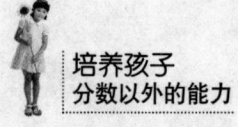

徒刑。

美国是一个色情作品泛滥的国家。色情杂志、网站、照片到处都有,这为懂事的孩子浏览色情作品大开了方便之门。托马斯·里克纳说:"在美国,十几岁的男孩喜欢看裸体女郎的照片,已算不上什么秘密,很正常。"

在美国,一位父亲发现他14岁的儿子比利的课桌上,有一本很小、很薄的杂志,其中有一篇文章叫《真实的故事》,里面讲的全是群居、乱伦之类的事情。当他询问儿子的时候,比利说这是从一个朋友那里拿的。

这时,比利的父亲平静而又严肃地对他说:"比利,我知道看这种东西会令人兴奋。我年轻时也看过,这些东西劲儿很大,它会深入少年的思想,渗入血液,就像毒药一样。但是你看的东西比我看的东西还糟糕,真的很恶心!"

"孩子,当然,看的时候会感到很刺激,但是,看完之后就会产生厌恶,觉得性很脏。"父亲继续说,"黄色的性会推翻它原来应有的美好。所以相信我,不要再看这种东西。"

在美国,父母一般都是反对孩子阅读不健康的色情作品的。但是,当孩子涉猎于此时,往往会发生上面比利与父亲的场景。美国父母发现孩子看黄色作品时,一般的做法有如下一些步骤:

1.告诉孩子自己的感觉;

2.表明自己对色情作品的态度;

3.告诉孩子色情作品对人的危害;

4.对孩子进行恰当的忠告。

如果孩子不听或不改,则把孩子的书籍、光盘没收,甚至进行一些适度的处罚。

色情作品都是垃圾,为孩子着想,每位家长都要尽职尽责教导自己的孩子远离这些垃圾,尽量为孩子创造一个纯净、健康的成长环境。

第三章 换一种方式爱孩子

父母给孩子提供什么样的生活方式，孩子就会适应这种方式而成长。给孩子提供良好的物质基础，孩子就能够健康成长为父母所既定的目标，有这种想法的父母可以说不占少数。其实这种做法是片面而且狭隘的，直接影响孩子的成长。尽管孩子没有真正踏入社会，但他们是社会的一部分，及早让他们认识社会，对孩子的成长十分有利。所以说，父母真正爱孩子，就应该换一种方式。

把孩子从房间里带出来

一、帮助孩子树立正确的价值观

父母是孩子的道德指导老师。作为父母，有没有一套道德标准去作为教育子女的指南？由教育工作者协商的道德标准，最近在教育界已尝试间接地建立起来了。

这项道德标准的核心价值分为社会和个人两个层面。

社会方面：尊重共同利益，热爱公平，歌颂仁爱、善良，主张互相帮助，矢志改进人类社会。

个人方面：尊重人性尊严、独特个性和自由，鼓励创新，推崇友爱，追求真理，欣赏美感，赞赏诚实和勇敢。

辅助价值也分为社会和个人两个层面：社会方面，凡事坚守法律程序，办事民主，强调理性，待人容忍，人权和责任并重，允许机会均等，尊重共同意志，承认社会多元性，继承和发扬文化遗产；个人方面，主张修身、自省、自律，遇事自决，态度开朗。

正确的价值观应从小培养，长大后教之便可以事倍功半。

培养幼小子女的价值观，简单、直接和有效的方法是以身作则。父母以身作则，对幼儿而言，是提供了社会参考模式和榜样，是幼儿模仿的对象，影响之深，怎可不谨言慎行？

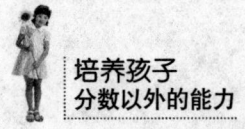

二、带孩子一起参加义务劳动

义务劳动与有偿工作一样,可以让孩子学到很多东西。通过义务劳动,你的孩子将学会:

如何与他人在一起工作,接受他人(但不是老师或家庭教师)指导;

以一种不用考试、讲求实际的方式获得新的技能和知识;

懂得我们的文化与社会发展的情形;

进行一种可能的职业选择,如在一家医院、幼儿园等;

成为专门替人解决问题的团队中的一员。

除了以上所提到的,对于你的孩子而言,义务劳动还可以:

1.帮助孩子认识到缺乏教育而导致的不良后果

许多社会弊病都直接与缺少学校教育,缺乏知识或意识相关。大多数非盈利机构和组织都在处理一些有待解决的问题,鼓励孩子思考消除或解决问题的办法。

作为家长,你要鼓励孩子与你一道作为义务劳动者参加劳动。如果你们的单位要为贫困儿童举行义务捐资助学活动,带上孩子吧;如果你参加邻里分发信件,帮助孤寡老人修理房屋、打扫庭院时,也为孩子报名参加吧。

不要让孩子单独出去参加义务劳动,而应与他一起参加。在这一活动过程中,你们可以一起学习,而且会学到很多东西。

2.激发孩子学会如何更好地帮助他人

义务劳动使孩子感到自己为公众或他人献出了无偿的劳动,从而使孩子具有一种特有的高尚之感。另一方面,孩子将感到自己上学也是接受公众给予的一种帮助。在义务劳动中,孩子的观念、体力和一些特殊的才能将会以一种奇特并带有创造性的方式发挥出来。

告诉孩子自立自主的重要性

约翰·戴维森·洛克说过:"在人生道路上,什么意外都可能发生,你永远不能有依赖别人的心理,连我也在内。我希望你永远记住这一点!"

父母帮小孩子做他自己能够做的事是非常不明智的,这等于剥夺他体验自己能力的机会,也表明你完全不信任他的能力和勇气。这容易使他丧失信心,对自己的能力无法肯定,同时也否定了他拥有自我和自主的权力。

一、重视孩子的自立意识和自主性

自立意识和自主性就是指人们凡事力求自己思考、自己判断并力求自己寻求解决的行为方式。目前,自立、自主的品质对于在过分优越的环境中成长的独生子女来说是一个难题。

家长们首先要做到的是,有意识地改变观念,减少对孩子们的溺爱与迁就,从小培养孩子的独立生活能力,给孩子更多自我锻炼、自我服务的机会,减少孩子对父母的依恋和依附,提高孩子对社会生活的适应能力,这将有助于孩子独立性的发展。

其次,树立正确的家庭教养观念。在教育问题上采取民主的态度,注重给孩子自主权,经常倾听孩子的观点,让孩子参与家庭决策,并要求孩子对自己的行为和选择负一定的责任,允许孩子取得主动并且负起与年龄

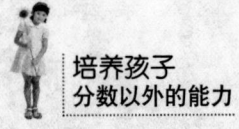
培养孩子
分数以外的能力

相适的责任。

假设你们家准备购买一个大件商品，如洗衣机，让你的孩子至少在两张报纸上查找有关的广告，然后打几个电话，以便从卖主那儿得到其他信息。例如：怎样保修？洗衣机何时能送到？让孩子至少用电话询问两家商店，并且比较卖主对这些问题的回答。

或许你们家正在计划出游，启程之前需要确定路线。让孩子在城市的周围挑选一个可以去游览的地方，然后给公共汽车公司打电话，了解如何到达那里，需要多长时间和费用是多少等问题。拿起电话询问这些问题可能算不上什么大事，但是孩子的确需要拿出一点儿勇气，这样有助于培养孩子的自信心。

二、让孩子自己动手

磊磊是爸爸妈妈的心肝宝贝，已经小学四年级了，却什么事也不会做。吃鸡蛋的时候，总是爸爸妈妈先替他把蛋壳剥掉；吃鱼的时候，也是他们每次都把鱼刺替他挑干净。

一次，爸爸妈妈因事外出，把饭做好了让磊磊回家吃。晚上父母回来，却发现鸡蛋一个也没有动，他们十分惊讶，问磊磊："你不是最喜欢吃鸡蛋吗？今天怎么一个也不吃呢？"磊磊生气地说："鸡蛋没有缝，我不知道怎么打开。"父母听了震惊得半天也说不出一句话。

磊磊怎么这么笨呢？他为什么连动手剥鸡蛋的能力都没有呢？原因就在于磊磊动手能力差，而他动手能力差就是他的父母为他"代劳"的结果。

动手能力差，反映了智能低下、知识结构欠缺。动手能力差——这一中国孩子"通病"的根源，来自于许许多多不让孩子自己动手的爸爸、妈妈们！"吃饭妈妈喂，走路爸爸背，长到18岁，干啥都不会"，多么生动地描写了那些被家长"抱大"的孩子的形象。

孩子的动作，特别是手的动作，与中枢神经系统的发育，特别是手的动作的功能，有密切关系。有人说"手是思维的老师"，这是指孩子多动手操作，会促进智力的发展。因为在人的大脑里，有一些特殊的积极而富有创造性的区域，当双手从事一些灵巧的动作时，就能把这些区域的活力激发起来。而管手的运动的大脑皮层部位的面积很大，多动手就能使大脑的这部分区域得到发展，从而促进孩子智力的发展。

教育专家一再强调让孩子动手，也是由于孩子的思维特点决定的。孩子的思维在动作中进行，没有具体的动作就没有思维活动，心理学家把它称为——自觉行为思维。一个幼儿在玩布娃娃，但布娃娃被拿走了，她的游戏活动也就停止了，思维也就受到影响。一个皮球滚到桌子底下，你问孩子"怎样把它拿出来呢"，孩子不去回答你，自己钻到桌子下去拿皮球，因为他是做到哪儿想到哪儿，不像我们大人那样，想好了再去做。

所以，对孩子来说，手的动作具有特殊性，它实际上是衡量孩子智力发展的重要指标，孩子将来一切重大发现和奇妙发明所依凭的智慧能力，正是从这里起步的。

随着孩子的成长，思维进入了具体形象思维阶段，到以后又向抽象思维过渡，但是动手能力一直是智力才能的强大刺激物，因为，任何知识都来源于操作。

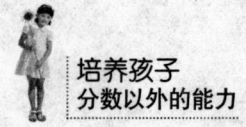

三、让孩子做能做的事

家长总是忧虑、抱怨孩子自护能力差，责怪学校和社会，而从来不想自己对孩子的教育怎样。事实上很多家长不明白，孩子比成年人动作灵敏、反应快。

1976年唐山大地震时，大人被砸死了，而许多孩子躲在安全的角落里幸存下来；再例如纳粹分子在"剿"杀犹太人时，大人们纷纷被逐出家园，但是机敏的孩子像小动物一样四处躲藏，避过了灾难。

心理学有"防御反射"之说，灵敏地避开危险是孩子的天性和本能。家长抓住孩子不肯放手，恰恰扼杀了孩子这种与生俱来的本能，造成可悲的"天然能力退化"。

当小婴儿从整日躺着吃奶睡觉变成咿呀学话、到处乱跑的幼儿时，年轻的父母可以发现自己的孩子"一天一个样"，他的语言开始丰富起来，有时父母甚至惊奇地发现自己的孩子突然能讲许多话语。孩子对任何事物都想探索个为什么，什么事都想自己动手"插一杠子"，总会说"自己来"。这都是由孩子的神经心理发育的阶段来决定的。此阶段的孩子已不再是"看到妈妈喊妈妈"的简单的认识性记忆，他们已有回忆性记忆，对周围环境开始探索，充满好奇心。但对外界环境的了解主要是触觉与视觉的联系，因此表现出喜欢爬高走险或是躲在门后。因此，如何正确启蒙幼儿的好奇心，对一个孩子的成长非常重要。

许多年轻的爸爸妈妈希望自己的孩子能成才，很早就教他们背唐诗和认字，以为这就是"早教"。实际上，这只是一种简单化的"早教"，而且在这个年龄阶段作用不大，因为两三岁的孩子还不能理解。长久的记忆还未发展，长大后就会遗忘。

有的家长对孩子什么事都想试一试的行为感到不安，怕他们把身上弄脏，怕他们发生意外，怕他们打破东西，总之就是不放心和不理解。这两种态度都不宜启发孩子的想象力、创造力和动手能力。

所以，家长要遵守的一个原则就是：孩子能自己做的事绝对不要帮他做。

这个规则非常重要，所以要一再强调。家长一定要明白：无微不至的照顾等于剥夺孩子的独立欲望。

> 晶晶已经6岁了，由于长得很漂亮，所以妈妈很喜欢她，总是把她打扮得很漂亮，每天帮她洗澡和梳妆打扮。尽管她看起来像一个标致的洋娃娃，非常甜美可爱，但是她什么事情也不会做，不会扣扣子、穿袜子，分不清衣服的前后，甚至分不清鞋子的左右。

如果妈妈知道她的做法对女儿可能造成的不良影响，她可能就会有所警惕。事实上，她对女儿的爱是自私的爱，就是这种无微不至的照顾使晶晶从小养成了依赖性强和没有自理能力的习惯。晶晶可能一直认为她什么都不用学会，反正妈妈都会帮她做，而且她太小了，不适合做任何事，她所要做的就是永远当妈妈的洋娃娃。

然而晶晶总是要上学的，妈妈不可能跟在身边帮她做一切事，那时她一定会错误百出。不断的挫折会使她变得更无能，因此她的生活必然是危机四伏。

如果你什么事都帮孩子做，就等于在向他卖弄你的能力、经验、权力及你的优越感；相对的，他当然变得一无是处。最后，你会怀疑为什么自己的孩子这么笨，这么无能。

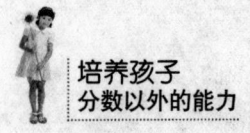

**培养孩子
分数以外的能力**

父母帮小孩子做他自己能够做的事是非常不明智的,这等于剥夺他体验自己能力的机会,也表示你完全不信任他的能力。这容易使他丧失信心,对自己的能力无法肯定,同时也否定了他拥有自我和自主的权力。

四、千万不要阻止孩子动手

韦钰才3岁,有一天和妈妈一起乘坐贸易公司的电梯。韦钰的高度正好可以触及6楼的按钮,他一按完按钮,另外一个来客就打趣说:"你喜欢玩按按钮啊!"妈妈马上说:"哦!不,他按6楼没错的!"那个人惊讶地问:"他会吗?""会啊!他会按。"韦钰很高兴地对那个人微笑。

虽然韦钰还没有长大到可以一个人到公共场所去,但是妈妈总是尽可能训练他独立,她知道他有能力选择电梯的正确按钮,所以也允许他动手去按,韦钰也很得意自己做得到。

你的孩子从出生开始就不断在向你表达他喜欢自己动手做。他伸手去抓汤匙是为了想尝试自己吃东西,你却经常为了避免他搞得全身脏兮兮而阻止他做各种尝试,也因此而形成小孩子不断受挫的原因。这实在很可惜!帮孩子清洗事小而使他失去勇气事大。如果孩子想要自己做任何事,你就必须鼓励他,尽可能让他做,你只需要从旁协助、辅导和鼓励。你没有权力帮他做任何事,也没有权力阻止他做渴望做的事。

当你看到小孩子做事遇到困难时,你难免会冲动地想伸出援手。但是你必须注意克制这种冲动,在没有了解情况之前最好保持冷静。小孩子当然能够感受到受人服务的喜悦,但是他们也很乐于自己有机会帮忙做事。

孩子的年纪愈大,愈希望为自己和他人做更多事。但是父母对他的过度保护与照顾都只可能抹杀他这种自立的倾向,进而导致其自信心的丧失。他会认为自己没有能力做事而必须完全依赖别人。如果父母警觉到孩子有这种倾向就必须适时阻止,让他自己动手吧!

"孩子自己能做的事,绝对不要帮他做。"这个规则看起来很简单,但是真正实行起来却困难重重。如:你可能不知道小孩子已经有能力做什么事了,你可能会低估了孩子的能力,或对孩子要求过高。所以你必须非常谨慎,一方面不要对孩子要求过高,这会对他造成压迫感,另一方面还要注意信任及尊重他的能力。你想让孩子行事谨慎而不是畏惧不前,但你如何完成这个特定的"菜谱"呢?你如何做才能帮助孩子成为胆大心细的人呢?

鼓足勇气,克服畏惧,随时都可以教孩子怎样做。在街上等待绿灯的时候可以教,在海滩上躲闪大浪头的时候可以教,在篮球场旁边喊着让你的孩子加油再投个好球的时候也可以教。

你一点儿一点儿地以身示范,以口传授,你还可以让孩子自己试试——第一次让他们骑自行车骑到街口,然后让他们围着街区骑,再然后让他们骑到商店。你这样做有助于逐渐地培养出孩子勇敢且细心的品质。

有一位年轻的父亲怕登高,当他的小孩一爬到游乐场的大滑梯顶上的时候,他就会立即大声地呼喊:"停下!下来!小心摔着!"但上到半空那么高却让孩子们很快乐,只有他是唯一被吓呆的。不过不久,他就找回了自己的勇气,并鼓励孩子们不要害怕。因为他知道,即使他害怕担心,也必须放手让孩子们这么玩,他们需要勇敢的

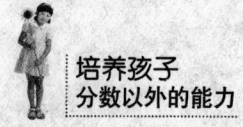

品质。

还有一个例子。小绍是一名大一学生。在他第一年学开车时,有一次他请他的父亲把汽车借给他用一天,他要带两个朋友去海滩玩。这需要在乡村公路上跑3个小时,这段路他以前没有开车跑过。他的爸爸很烦恼,实际上他是被吓着了。但是他知道他的儿子有责任心而且已经有能力开好车。最后,父亲同意了,但给儿子规定了回家的时间并告诉儿子在紧急情况时该怎么办。其实父亲本不愿意这么做,但是他知道他必须放手。后来,小绍安全地驾了一路车,他给家里打电话,请求在海滩过一夜。这个请求被拒绝了。小绍回到家时很晚但是很愉快,爸爸也对自己的决定感到满意。

家务事也有孩子的一部分

在现代生活中,父母留给孩子的活儿不多了。所以,孩子会感觉到证明成功的唯一办法就是从学校往家拿高分。然而,并不是所有的孩子都能拿高分。孩子需要用其他方式来证明自己能够成功。

家中的家务活儿对孩子是有所帮助的。它们让孩子产生了锻炼自己把事情做完的意识,并使孩子感受到自己被人需要,自己在家中很重要,即使他们有时因为父母让他们做家务嘟囔几句或发点儿牢骚,他们也同样有这种感受。

协作至少有两种方式:一种是我们一起做同一种工作,比如救火时,我们站成一排传递水桶;另一种是我们分工合作,每个人的工作只是一个大的集体活动中的一部分,比如清扫房屋。

在家中，通常要做分工劳动。家长可以在厨房擦洗，孩子可以搞客厅卫生。

在同一个地点一起干一样的工作确实有一些与众不同之处。在分派孩子去干活儿之前，先让他们和家长一起干，这不仅仅是为了照看他们，也是为了培养他们的团体精神和集体意识，让他们亲眼看到大家一起完成了一项工作。

杨先生和妻子曾经带领孩子们上房顶一起修理屋顶板。孩子们帮着递钉子、扶梯子，骄傲地感到自己发挥了家庭一员的作用。全家人一同烘烤面包，彼此为对方诵读，一同更换轮胎，一同铲除积雪，一同植树等，都有助于培养这种精神。

许多孩子不喜欢做家务——但是当几个人在同一间屋子的时候，他们就乐意做了。比如一个拂去灰尘，另一个擦拭家具或拖地板，干得蛮来劲儿。

在户外，他们喜欢耙树叶，但不是一个人干，而是大家一起干。他们一个拿袋子，一个装树叶。正是大家在一起，他们才喜欢做。

如果你的孩子不善于与别人协作，那么首先就多开展一些与大家一起动手做的活动，并以较民主的方式来处理问题，那样孩子和家长做事就会顺利多了。以后进行的活动就应是分工的了，但它们对培养重要的协作精神也是必需的。

当孩子说"让我来……"，那就让他去干。

许多小孩子早在让他们做家务之前就请求做家务。孩子一般会请求让他擦地，摆放晚餐餐桌或是洗菜，但父母经常拒绝这些主动的请求，因为

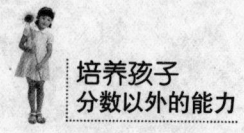

让孩子帮忙通常意味着越帮越忙，起码一开始是这样。

首先可以与孩子谈谈需要在家做的工作，问问孩子：他们认为自己能做什么。你会很惊讶地看到他们是那么乐于工作，那么渴望工作，而你原本并不指望他们在那么小的时候就乐于承担工作。

和孩子确定一个可达到的目标。从简单容易的做起，逐渐让他们做比较复杂艰难的工作。比如：可以让4岁大的孩子每天把报纸拿进屋里或是擦厨房的桌子。

把工作变为游戏。给自己和孩子规定同一个任务，然后进行比赛，看谁擦桌子擦得快，看谁找报纸找得快。孩子获胜的可能性会越来越大，而且会做得越来越好。

记住，要向孩子演示怎样去做某项工作，而不要把他们干过的活儿重新做一遍。有一个6岁大的孩子的母亲，没给孩子任何指导就让孩子自己动手操作，结果，半分钟后，一条崭新的婴儿围嘴就被吸进吸尘器里了。这对他们母子俩都是个教训。

认识自我很关键

婴幼儿时期是人生中最以自我为中心的阶段，凡事只用自己的观点去思考，孩子说话常是"我"字满口，这是因为他还不懂得去体会自己以外的人的感受。

随着孩子年龄的增长，经历各种的人际关系，他们开始从别人的角度看世界，寻求别人的认同，变得不再以自我为中心，并且开始能了解及尊重他人的感受。如果发现自己的小孩以自我为中心，不要太过着急，因为这是一个自然的过程。鼓励孩子使用"我"称呼自己，虽然可能会令孩子更加以自我为中心，但这可以依靠语言层面，培养孩子精神上的自立，加强他对自己的认同。

此外，大部分孩子都模仿大人，所以大人在称孩子为"宝宝"时，孩子自然就会也称自己为"宝宝"；大人所看到的自己，和孩子自己看到自己的存在，其差距是不言而喻的。

假如一再称自己为"宝宝"，就只能一味依靠父母的眼光来看自己。从这样的立场来看，让孩子称自己为"我"，才能摆脱父母称谓他的方法，另一方面，也可以促进孩子自立思想的萌芽。

随着孩子年龄的增长，他们会慢慢认识自己，同时，开始注意别人，特别是家长和老师对自己的评价。如果孩子从家长那里常常得到赞许、表扬和肯定，那么他们就会认为自己是一个有能力的人，其行为则表现为积极果敢，而且情绪稳定，充满自信心。相反，如果家长对孩子的评价是否定的，孩子的行为经常受到家长的批评和训斥，他们便会觉得自己是一个无能的人，变得不知所措，缺乏自信。

一、让孩子学会自我欣赏

有件事很重要，必须谨记：孩子的内心永远在交战。既想要和你亲近又想要离开你独立，倘若你太过投入，会让孩子抗拒你，哪怕是在他很需要你的时刻。

有的时候孩子宁愿受到负面的注意也不愿你不注意他。赞美能让孩子避免用负面的方式来引起你的注意。人受到称赞时能表现得更好。赞美能鼓舞人心，建立自信，让人感觉很舒服。

假如你发现你一直在批评你的孩子，以至于你无法看到孩子可爱的一

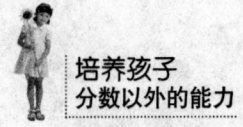

面,这个教养绝招可以帮助你放慢脚步,用较不苛求的观点去考虑事情。由于你的赞美,孩子不仅会表现出你所重视的良好行为,也会在其他方面表现出更多的正向行为。

孩子需要你的赞美,这是发展正向自尊必备的元素。当你称赞孩子的某种行为或是人格上某一项特质时,他不仅仅会更清楚你重视的是什么,也会感觉到自己受到赏识。

将你的焦点放在好的行为而非坏的行为上,也就等于是在告诉你的孩子"我看到你的全部"。当你的孩子发现你注意到并且为他的优点感到高兴,他就不会用负面的方式来吸引你的注意。他会对你看待他的方式感到很自在,因为你在他身上所见到的,能使你们两个都觉得很愉快。

记住,你的孩子不需要也不应该觉得自己必须完美,你也不该如此看待他。然而你长久对孩子的否定态度,会让孩子以为完美才是你想要的,他会为此感到悲伤,因为他一点儿也不符合你的要求。你应同时注意孩子的优点和缺点。你要传达给孩子这样的讯息:就是他可以同时拥有许多可能性,这些可能性是不会互相抵触的。

二、帮助孩子摆脱"以自我为中心"

"以自我为中心"是婴儿和幼儿阶段的特征。这个年龄的儿童,只顾自己的喜好,以为自己喜爱的别人也用得着,他们不理解别人跟他不同,可能有不同的需要;没有等待的耐性,他们要求别人立即满足他们的需要;喜欢独占东西,不想分享,不懂得分享;没有足够文明的方法去表达自己和解决问题,只懂得哭哭啼啼和撒野。在适当的环境中,人才可能获得心智的成长。如果一个婴儿始终处于一个能够长期"唯我独尊"的环境,他就只能获得生理成长,而心智停顿。

第三章
换一种方式爱孩子

丁丁随他的爸爸拜访爸爸的朋友郝先生。郝先生是一个很出色的商人。丁丁父子是到他家去参加一个沙龙的,在座的还有其他很多客人。丁丁一到郝先生的家,精致的装潢让他十分惊奇。郝先生有一个比丁丁小一岁的儿子郝友友。郝先生让儿子把丁丁带到他的房间去玩。

郝友友看着丁丁,一副瞧不起的样子,拿出一堆新奇的玩具,对丁丁炫耀说:"你都玩过这些吗?"

丁丁老实地回答:"没有。"

郝友友更得意了,说:"我猜你也没玩过。"说着,就把玩具一件件在那里摆弄。

丁丁看着那些玩具,心里痒痒的,忍不住想动手摸一摸,结果郝友友一把把他的手推开,说:"不要摸,会坏的。"

丁丁说:"就摸一下不会弄坏的。"

郝友友说:"你不会玩,肯定会弄坏。"

丁丁听了心里很难受,就一直在那儿看着,不动手也不说话。

回家的时候,爸爸问他跟郝友友玩得怎么样,丁丁说:"郝友友一点儿也不懂礼貌。"爸爸问他为什么,丁丁就把郝友友的表现跟爸爸讲了一遍。爸爸知道自己儿子受了委屈,心里也不太痛快。可是郝先生的家庭环境那么好,家教怎么这么差劲儿呢?爸爸觉得有些疑惑不解。

有一次爸爸问郝先生平常怎么教育他的孩子。郝先生说,由于他和他的太太一直忙于生意,所以就请了家庭教师和保姆在家里照顾他,平常自己没有多少时间陪孩子。

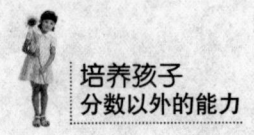

由此我们可以看出,郝友友不懂得与人交际,只顾自己,不顾他人的感受,体现出他的情商很低,这其中很大一部分原因就是郝友友平常的生活太孤僻。除了家教与保姆,郝友友与人交往很少,自己的家庭环境又好,因此难免产生一些优越感。相比之下,丁丁更懂得礼貌和教养,郝友友应该向他学习。

所以,家长一定要帮助孩子摆脱"以自我为中心",让心理与生理一齐健康成长。我们对家长有如下建议:

1. 不要对孩子有求必应

孩子是能够摆脱以自我为中心的,只要父母能让他在健康的环境中成长,提供适当的教导和辅助,切忌让子女自由发挥,有求必应,为所欲为。否则,他们将无法脱离以自我为中心的时期,无法进入对自己负责任和对别人有承担的阶段。

2. 教孩子学会体察别人的感受

随着孩子年龄的增长,父母要教导孩子明白自己的需要,学会用文明的方法表达。在孩子只顾哭啼的时候,父母要试图劝孩子说出哭啼的原因,这种指导的目的是让他学会表达需求,而让他明白哭啼不是万灵良方。父母也要教孩子照顾别人的需要和感受,确认他人也有权益。在适当的时候,引导子女留意别人的表情,尝试易地而处,将心比心;鼓励孩子乐意付出,照顾他人,使孩子可以体会到,有机会付出和有能力助人是快乐的。

现代的孩子应该知道自己的生活环境比父母小时候要好得多,应该珍惜,父母养育孩子是艰辛的,应该养成乐于回馈的心态;对别人、对自己所处的社群、对社会、人类,要有所承担。

孩子同样需要朋友

19世纪德国著名"神童"卡尔·威特的父亲认为,一个孩子如果不懂得如何与人交往,就算他再聪明,也只能是一个"孤家寡人"式的神童。

心理学家认为,人际关系对孩子的性格发育具有非常重要的作用,儿童时期的友谊会影响孩子终生交友的习惯和自尊心,其重要程度几乎相当于父母的抚育和爱。

所以,父母应当引导孩子结交朋友,把鼓励孩子积极的交友行为作为家庭教育的重要一环。

一、孩子天生就有社交渴望

幼儿时期起,孩子就对他周围的世界充满了好奇。你的孩子坐公共汽车时也许会望着身旁的陌生人微笑;在游乐场玩,当碰见一位每天都见面的朋友时,会忽然地走过去拥抱一下对方。

不是每个孩子都是天生的外交家,有些只会躲在父母身后,不擅于交际。这种表现除了孩子自己的性情因素外,父母怎样对待别人也会对孩子造成潜移默化的影响。父母的面部表情、身体语言、说话以及行为等,都收在他的眼内,使他一点点地学习及模仿。家长如何交往的,孩子也会那样进行社会交往。

孩子是好奇的,他当然愿意认识一些新面孔。他会热情地与人交往,希望获得认同感和友谊。不论是亲属,还是父母的朋友、同事,都对孩子

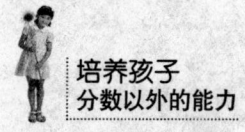

这方面的发展有一定影响。一旦其他成年人与孩子有所接触，孩子便会认识到人与人之间亲密的程度是会跟关系不同而有异的。父母子女间的关系当然是孩子爱心成长的摇篮，然而核心家庭以外的接触使孩子认识到其他成人原来有不同的观点和处事方法。

多与成年人交往，能使孩子感到自己的重要性，因为在家庭之外找到了自己的又一种重要性，这一点能促使他独立起来。要是他身边的成年人都充满了关怀和爱心，他会对世界更能适应，也更有信心。

作为父母，应该教会孩子如何对人抱有一定的警惕性而又不至于令他害怕与人接触。同时，使他对家庭以外的成年人建立一定的信心也是非常重要的。要做到这方面的平衡，你要做的是鼓励他向外探索，而同时让他知道你在他身旁保护着他。

帮助孩子走入成人世界的第一人选最好是亲戚朋友。你应当选择一些可以提供正面和积极影响的成年的亲戚朋友，让他们帮助孩子建立起对人的信心。

二、鼓励孩子结交好朋友

人的一生离不开朋友，但是对许多人来说，一生中最真挚、最恒久的友情都是在孩童时代建立的。

有些孩子不懂得怎样结交朋友，但只要大人给予他们正确的引导和支持，这种情况就可以转变。你虽然不能主宰孩子的社交生活的方向，但可以透过种种方法鼓励和帮助他们结交朋友。

1.以身作则

研究发现：做父母的怎样与朋友交往，孩子就会怎样仿效。在许多家庭里，每一代都从上一代学到要关心别人，倾听别人说话。

纪洋的妈妈是一名律师,她调去另一律师事务所工作后,仍经常给她的老朋友写信和打电话。"最近我妈妈接到一位20年前认识的朋友的电话,"纪洋说,"那位朋友说,他的儿子正在我们这个城市找工作。我妈妈马上坚持让那年轻人住在她的家里,直至找到落脚的地方为止。"

纪洋正在设法把这些交友之道灌输给他的儿子强强:"最重要的是,我希望他能尊重别人,待人以诚。"

所以,可以这样说,帮助孩子结交一个朋友等于送给孩子一份财富。

2.尊重个性

必须明白孩子的社交需要是因人而异的。比方说,并不是每个孩子都希望有很多朋友。

"数量和质量是两回事。"一位成人说,"对某些孩子来说,也许一两个知己就已经足够。"

12岁的思思是个聪明而想象力丰富的女孩,喜欢芭蕾舞和钢琴。她常独自一人玩,或者就只和唯一的好朋友在一起。但10岁的妹妹莎莎刚刚相反。她们的妈妈说:"我常要驾车送莎莎去参加一个接一个的社交活动。我以前常哄思思去参加一些活动,但现在我明白她的需要和莎莎的不同。"

3.培养自信

如果孩子在某方面擅长,他们的信心便可以建立起来,并利用这种专

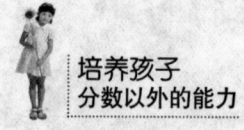

长结交朋友。心理学家伯恩特说:"友谊是以共同爱好为基础的。如果你的孩子的朋友不多,你可帮助他培养某些爱好,从而认识更多的朋友。"

4.积极参与

专家说,大人常犯的错误就是以为孩子会自然地结交朋友。"除非孩子能经常与朋友在一起,否则友谊很难形成。"伯恩特说,"有时候,做父母的也需要为孩子穿针引线。"

5.适度纵容

儿童需要大人指导,但大人也需要让儿童对一些事情有自主权。在选择朋友方面,父母也需要给孩子某种程度的自主权。父母都很希望自己的孩子多交朋友,但同样也希望他们不要误交朋友。"除非可能有危险,"布鲁克说,"否则最好让孩子自己分辨哪些人可以交朋友,哪些人不可以。"

小伙伴之间的关系往往十分密切,它不仅满足了个人心理发展的需要,而且满足了社会心理的需要。这样的关系可以使孩子发展独立性和社会性,增强自主能力和社会能力,为他们长大成人,走向社会打下基础。

可是,孩子的社会性萌芽如果得不到培养,就会逐渐枯萎。所以父母们要避免关门育儿的观念,让孩子们早一点儿到小伙伴中去,到幼儿园中。这样等到孩子进入小学,就会如鱼得水,迅速适应学校的环境,变得更加自信自强,健康活泼地成长。

三、父母要从小教给孩子社交技巧

我们要从小教给孩子的社交技巧包括如何控制自己的情绪,如何以沟通、谈判的技巧来解决纠纷。

所谓社交技巧包括有能力缓和冲突气氛、以对话方式解决分歧、表达自己的意见、聆听别人所提出的见解，并且懂得协调，从而得出解决问题的方法。倘若孩子学会了这些技巧，不但对孩子在学校的生活有所裨益，还对孩子进入青年期甚至以后长大就业都有利而无害。

训练孩子基本的社交技巧，除了教导孩子愿意与其他小朋友分享之外，更应为孩子进入新环境而做好准备，例如：面对新朋友时不应只顾自己表达意思而忽略别人感受，但也不应过于害羞。对于一些喜欢与别人争执的孩子，父母可以教他们改变过于激烈的反应，比如建议孩子在做出任何反应时首先做5次深呼吸，另外再用10秒钟时间思考下一步的反应。但家长训练孩子时，要让孩子知道这只是训练的环节，并不是责怪或批评他们。只要家长耐心锻炼孩子正视社交技巧，明白尊重别人的重要性，孩子绝不会是好勇斗狠、不讲道理的家伙。

四、帮助孩子克服怕羞的心理

不同的孩子，初次接触外边的世界时，都有不同的反应。胆小怕羞的孩子不敢太接近新鲜事物，他们最先的反应是观察。我们往往以为站在一旁看别的小朋友玩的孩子什么也没有做，其实这种观察也是孩子参与的方法。他先在脑子里跟大家玩一会儿，好使自己准备就绪，再举步加入游戏。

儿童怕羞其实很常见，15%的人天生就是怕羞的，因此家长不必因为孩子怕羞而责怪自己。其实，害羞是性格发展中的一个阶段。儿童害羞的原因是他对这个世界陌生，各种新的事物和对他过甚的要求都使得他不能不小心反应。例如：当他参加别的小朋友的生日聚会时，他也许会抱紧父亲的腿，拉紧母亲的手，同时小心地弄清楚这个新奇刺激的场合到底在干什么。

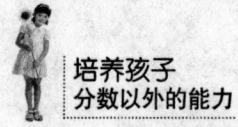

**培养孩子
分数以外的能力**

两岁幼童的社交经验甚浅,成年人不以为然的场合或举动,例如握手、拥抱、大声谈天,甚至是戏院内的黑暗,对幼童均是全新的体验。全新体验对于儿童的作用可能是引起恐惧,因此他常怕羞。要是孩子躲在你身后或拉紧你的手不放,他们是以身体语言告诉你,面对这新鲜的体验,他们需要你的支持。

父母可以帮助害羞的孩子克服害羞。首先,不要操之过急,带着孩子出外玩时,先让他留在你身边,让他看别的孩子玩一会儿,热身后,他感到有信心,然后才会主动加入去玩。其次是不要强人所难,要是他不愿意也罢。此外,发现孩子感到不安时,协助他找出什么事或人令他有这种感觉;你也可借机会教导他述说自己的感受。

一般孩子到了7岁后,就渡过了他害羞的阶段。但是有些孩子仍害羞,这表明他的性格内向。内向并不是不好的,父母应客观地尊重孩子的性格。

五、孩子不被他人接纳怎么办

在小朋友之间的交往中,无论你的孩子是如何天真活泼和可爱,他总会遇到不被人接纳和喜欢的情况。这对于小朋友来说是一个痛苦的经历,无形中对孩子成长过程中自信心和自尊心的建立会有着负面的影响。当然,孩子的受欢迎程度不是父母所能掌握的,但却有一些方法可减少孩子不被接纳的情况。以下一些方法,父母们可以留意和参考:

1. 父母要学习聆听,让孩子有机会发泄内心的不悦和沮丧,也要引导他们表达内心的情感,使他们好受些并且知道自己被父母重视。

2. 父母本身也要做出好榜样,用关心和爱心接纳自己的孩子。

3. 为孩子选择一些对他们有好影响的朋友,替他们安排见面玩耍的时间,使这些小朋友喜欢跟你的孩子在一起。

4.当外在环境对孩子愈不利和令他们愈不开心时,父母就要采取行动了,例如远离某些邻居,避免孩子受到心灵创伤。

5.安排角色扮演,使小朋友知道不应该欺负别人和懂得如何保护自己。

6.父母利用课余活动扩大孩子的生活圈子,使他们认识更多的朋友和建立自信。但当发觉孩子的天分不在此,便应立即选择别的活动,以免增加孩子的挫败感。

7.父母不要把孩子打扮得格外奇异或特殊,要让其他小朋友易于接受他,小朋友对于奇特或跟自己不同的人会很敏感。

8.要让小朋友明白没有一个人能被所有人接纳和喜欢。

合作与竞争缺一不可

俗话说:"一个篱笆三个桩,一个好汉三个帮。"一个人,即使是天才,也不可能样样精通。所以,人要成大业,就必须善于利用别人的智力、能力和才干,也就是说要与人合作。特别是现代社会,随着社会分工的日益细化,各种作业的日益复杂化,人与人之间的相互依存度不断提高,许多工作都需要各类人才、各种力量通力合作。在如今的社会,一个人若没有合作精神是行不通的。

同时,市场经济的发展,知识经济概念的提出,全球经济一体化,社会变革加剧,综合国力的较量愈来愈明显地表现为人的素质的较量。在这种大环境下,人们愈来愈认识到培养青少年的竞争意识与竞争能力的重

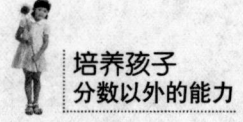

要性。

这个世界天天在变：经济在变，政治也在变；思想观念在变，生存方式也在变。如今的社会是一个竞争的社会，但也是一个在合作中生存的社会。我们的孩子能否在未来的社会中承担合格的主人翁角色呢？我们必须要让孩子们学会合作，学会竞争。

一、竞争与合作是时代的要求

竞争是推动个体不断前进的一种精神力量。它的作用在于激励人们努力奋斗，求得个人的发展和整个社会的进步。因此，不能否定社会竞争的必要性。强中更有强中手，竞争的结果必然有胜利者，也必然有失败者。胜利和失败、超前和落后常常又是可以转换的。竞争中的失败并不意味着断送了前程，关键在于总结经验教训，以图再战。

另一方面，在当代竞争激烈的社会背景下，分工越来越细，一个人的能力毕竟有限，只有借助众人的力量，才能最大限度地实现自己的价值，创造辉煌的人生。因此，一个人能够与别人协作共事的能力就显得特别重要。

从现在开始，家长们就要顺应时代和社会的要求，有意识地引导你的孩子树立竞争与合作意识，积极支持与鼓励孩子们参加具有此类性质的活动。

那些既讲求集体荣誉，又允许个人通过竞争发挥个体努力的活动可以包括以下方面的内容：通过个人表现来实现的团队竞争，如网球、游泳等；大多数球类运动，如垒球、手球、足球、水球等；与别的学校一起举行的管弦乐表演或其他集体活动；辩论赛与集体演讲。

在上述各种情况中，个人都是作为集体的一员而参与竞争的。

他将得到其他成员的感情支持，并因自己在集体中的杰出表现而受到他人的欢呼和称赞。不理想的个人发挥也可以通过团队中的其他成员的努力来予以补偿。

在这样的竞争活动中，孩子们可以学会如何对待胜败，如何支持团队中的其他伙伴，如何在团队中发挥自己的作用。他们在最大的成功机会中培养了个人的信心，提高了自己的技能。

个人竞争性活动，如参加运动会中的个人比赛项目、单独演讲等，这些活动对孩子都极有益处。它可以培养孩子各方面的能力，发挥他们最大的潜力；同时也可以促使孩子以更直接，有时甚至是更痛苦的方式来品尝失败的痛苦与成功的喜悦。支持孩子参加活动，不管他最终的结果如何，都应向他献出温暖的父母之爱，对他们做出的一切努力表示赞赏。要让孩子深深懂得：人生充满了失败与成功，谁也不会一帆风顺地度过一生。

孩子之间的竞争应以充满合作为前提。别让孩子为了赢得竞争而不顾一切，或者是纯粹为了参与竞争去寻找各种关系，做出一些孩子不该去做的事情。如果这样的话，他将失去生活中一些最基本的教训和体验。

作为家长，你有责任从小就开始对孩子有意识地进行培养，鼓励他们学会与人合作。许多表演、游戏都可以通过孩子与人合作而培养他们的合作精神。学校、商店、街道以及办公室都是体现合作精神的场所。父母可以给孩子购买一些能促进他们合作精神的玩具、游戏卡等。如果你的孩子喜欢打扑克，要让他明白自己只不过是合作者中的一员，他必须与自己的同伴合作，与双方共同的对手竞争。

家长要鼓励孩子参加学校内部举行的活动。有些学校经常组织一些在合唱、舞蹈、戏剧表演等方面具有特殊兴趣的学生举行内部活动。尽管某一学生不可能成为歌星、舞星之类的人物，他也可能被安排担当某一具体

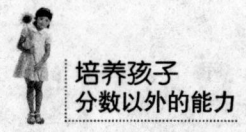

而重要的角色,如伴奏、指挥、场景等。应根据孩子们对活动参与的意愿和兴趣来接收他们参加活动,而不要看他活动的实际能力。

二、良好的合作从家庭开始

合作关系不仅是指与家庭成员以外的人的合作,也包括与家庭成员之间的合作。要想让孩子学会与人合作,先要让他学会与家人合作。家长应采取适当的方式赢得孩子的合作。

妈妈在帮9个月大的悦悦换尿布时,悦悦很不安分地又踢、又翻、又滚,这使妈妈有点儿恼怒,于是轻轻打了悦悦的屁股一下。悦悦似乎觉得委屈,不禁号啕大哭。

9个月大的婴儿虽然不会说话,却似乎能够感觉出妈妈恼怒的情绪,这好像很不可思议。我们总是不相信婴儿的聪明,而将他们当作什么事也不懂的人!

事实上妈妈如果能够仔细观察,应该不难发现其实婴儿很聪明。以前面的故事为例,妈妈必须做的是训练悦悦和她配合尽快将尿布换好。妈妈可以这样做:每次悦悦故意扰乱妈妈帮她换衣服或换尿布时,妈妈便对她微笑,轻轻地将她的手放好,同时对她说:"我的乖宝宝要学习不要乱动,手放好。对,这才是妈妈的乖宝宝,宝宝好可爱、好安静哦……"等。即使悦悦听不懂也无妨,她会了解妈妈的意思!因为妈妈的微笑对她是一种鼓舞和赞美。悦悦终究会感受到这个甜美的赞美,从而配合妈妈。

同样的道理,她对妈妈的生气、皱眉也是一样敏感,同样也会有反应。妈妈可以等悦悦不再乱动时放开她,如果她再乱动,妈妈便再将她的手放好，这样，悦悦便能学习和妈妈合作了。

三、不能以权威促成"合作"

在过去的时代里，"合作"就是听从控制者的话，也就是绝对服从权威。

但是现在这个词有了新的意义：人与人之间必须因为需要而一起工作、互相配合，人人拥有更多的平等和自由。同时相对的，家长也必须承担更大的责任。权威至尊的情况已不复存在，我们必须处处表现出合作的技巧。家长不能再要求孩子"听从父母的话"，而必须学习某些方法以赢得他们的合作。

每天早上除了叠被子外，妈妈还给两个孩子分配了固定的任务：小花打扫浴室，小叶洗餐盘。妈妈每天总是要先提醒她们，然后再唠叨个不停，有时甚至对她们大吼或处罚她们，好让每个人都把该做的事做完。她最常对孩子说的一句话是："我们尽量地合作，不然你们的麻烦更大。"

妈妈的意思很明显："乖乖听话做事，否则……"她是以绝对的权威给两个孩子分配工作，而且规定她们一定要做完。但是两个孩子的心中渐渐酝酿起了反抗的情绪。妈妈的态度俨然像一个老板，她强迫孩子遵照她的意思，而不是赢得她们的合作，结果引起孩子敌视的态度，认为妈妈存心"整我"。

妈妈要如何才能赢得孩子的合作呢？她可以花一些时间和大家一起讨论、交换意见，她们可以将所有的工作列出清单。妈妈说明她所要做的工作，然后要求孩子选择自己可以承担的工作。

这种做法表明妈妈尊重孩子的自主权。如果任何人偷懒，不做自己所选择的工作，妈妈也不必唠叨或责备。如果继续偷懒一星期，妈妈可以再

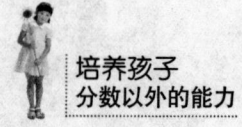

培养孩子
分数以外的能力

集合全家开一次会，在会上提出："小叶选定这个星期打扫房间，结果她都没打扫，大家认为该怎么处理这件事？"妈妈使用"大家"这个词，即将责任归于整个家庭，摆脱了权威者和制裁者的角色。凡是家里的一分子都可以提出意见，也都可以参与解决问题。另外，整个家庭会给她压力，大人的压力只会徒增孩子的反叛心理。

解决问题的方法通常采取"家庭会议"的形式。现在的家庭已渐渐成为不可分割的整体，所有组成分子无不以争取整体利益为依托。合作的意义便是每个人都一起朝向使"家庭"更好的目标迈进。

四、理解是合作的基础

父母在要求孩子做某事时，最先要考虑的是让孩子从心里明白为什么要这样做，这样孩子才会心甘情愿。假如孩子并没有从心里懂得父母要求他们的意图，事情往往就不会很顺利。

> 5岁的方方原来是很喜欢水的，对洗澡一直很积极，可近来不知何故总是不听话，在洗澡一事上表现得尤其明显。晚上睡觉前，妈妈把热水温度调好，过来抱方方去洗澡，方方总是借故拖延，无理取闹。妈妈好话说尽，又是哄，又是骗，可方方到卫生间一看到浴盆扭头就跑。为此妈妈很头疼。

其实孩子是想和妈妈较量一下，看看妈妈到底能把他怎么样。如何解决这种与妈妈之间陷入僵局的事，让孩子配合洗澡呢？

千万不能用简单粗暴的方法，硬将孩子抱入澡盆中。孩子不洗澡和妈妈僵持不下，能否先放一放这个问题，暂且不洗澡，等双方平静以后，再来讲道理。当孩子听明白又知错时，这件事就好办得多了。妈妈可以先放好水，叫他一次，他不洗就不去理他，忽略他，看也不看他一眼，使他觉得僵持下去没有意思。由于他还是喜欢洗澡的，并已习惯了按时洗澡所带来的快感，就会要求洗澡，改正错误。

千万不能求他，在表情和口气上都不能表现出乞求的意思，否则，他会认为这很好玩，和一场游戏一样，可以天天重演。

如果父母之间因孩子洗澡发生分歧，事情会更糟，一方要坚持，一方要妥协。面对争执不休的父母，孩子也许会偷笑，由于他的行为引起父母的争论，他会觉得很得意，成了胜利者，从此引起更多的矛盾。

当孩子们认为你懂得他们的想法时，要赢得他们的合作变得容易得多。一旦他们感到被理解，便会愿意听取你的意见，与你共同找到解决问题的方法。以下介绍一些对赢得合作有帮助的方法：向孩子讲出你懂得他此刻的感受，要保证让孩子认可你的理解；把自己的经验故事与孩子分享，告诉他你也曾有过的类似的感觉。

在上面两步骤成功地完成后，孩子也准备好倾听你的意见了，家长可以问他是否愿意一起寻找解决问题的方法，问他是否有不同想法，将来如何避免发生同样的问题。这完全是以探讨的口吻将孩子公平对待，孩子一般会合作。如果没有效果，父母可提出一些建议去寻找共识。因为，友善、关心及尊敬的态度是使孩子合作的基础。

五、学会设身处地为别人着想

谈到训练孩子的合作态度的同时，父母也应该先要求自己付出。父母不应该一味要求孩子来听从自己的意见，而应该彼此协调意见以达到目标。如果家人彼此间无法达成协调，那一定是某一方缺乏合作态度。

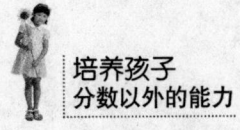

**培养孩子
分数以外的能力**

家庭中的每一位成员都应该学习为集体着想。我们不应该强迫孩子做事,而应该考虑"情况所需"。如果我们想要帮助孩子学习合作的精神,我们就必须了解合作的真正内涵。

为人父母者经常遇到的问题是不知道孩子几岁时才适合帮忙做家事。每每看到刚学走路不久、还摇摇晃晃的孩子要帮忙整理桌子时,我们总是会说:"不用了,你还太小。"等他长到五六岁时,我们又要求他帮忙整理桌子。小孩子的心里在想:以前父母都不需要他,为什么现在需要他呢?无疑的,我们抹杀了孩子想要贡献的意愿。总之,我们如果从开始就尊重孩子自动帮忙的意愿,他一定会全力以赴,而且很欣喜,得意自己能如愿完成。

9岁的小连得了流行性感冒已经一个星期了,这个星期,只有7岁的小营一个人在娱乐室里玩耍。到了星期六早上全家大扫除的时间,而这天正是小连感冒刚好可以下床的第一天。

当大家要清扫娱乐室时,小连便说:"我想我不必帮忙打扫这里吧!这整个星期我都没有来这里玩。"

妈妈说:"但是我相信小营一定希望你帮忙的。"

小连想了一会儿,结果还是帮忙打扫并将玩具归位。另外他注意到最上层的玩具架好像很脏,于是便建议:"我们来把这里弄干净好吗?"

两个孩子和妈妈开始愉快地动手清扫了。

打扫完毕后,小营大喊道:"哇!看起来好舒服啊!"

小连同意地说:"对啊!"他又得意地补充说:"这是我们分工合作的成果呢!"

小连提出不打扫娱乐室的意见,这是可以理解的。不过因为这个家庭的成员之间已经建立了相当良好的关系,妈妈很聪明地赢得了小连的合作。虽然妈妈可以了解他的想法,他感冒刚好,多休息是应该的,但是妈妈为他说明基于情况所需,弟弟十分希望他来帮忙,让他感觉到,身为家里的老大帮助弟弟是非常值得骄傲的事,于是他更积极地提出要打扫玩具架。全家人终于在非常愉快的气氛中完成了大清扫的工作。

六、尽量使孩子自主合作

如果使用委婉的语调,家长一定能赢得孩子的合作。有些用词或语气可以增加调和的气氛,减低反抗心理并赢得他的合作。例如你可以说:"很抱歉打扰你。"或"我知道你可能不喜欢,不过如果你……你一定能帮我很大的忙。"或"如果你愿意帮忙,我会很高兴。"等。

尚尚的父亲刚刚去世。他才12岁,和妈妈住在郊区,每个星期六都要到市中心去上音乐课。尚尚很想将这堂课调到星期三,这样星期六他就可以参足球队比赛。但是因为每个星期三是妈妈和朋友聚会的时间,所以她不同意尚尚的意见。因此母子之间的合作陷于困境。

一天,当妈妈告诉他已经接受他的请求时,他一脸半信半疑的表情,因为他觉得妈妈一向顽固,她不太可能接受这个意见。妈妈向他保证她是真的同意,但是尚尚却突然改变了主意。他不希望妈妈这样。

"为什么呢?这样你星期六就可以参加球队了,这是正当的健康活动啊!"

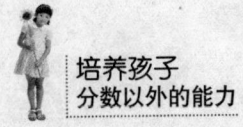

培养孩子
分数以外的能力

这个小男孩想想之后说:"不,我不应该这样,自从爸爸过世之后,朋友对你而言很重要的。我不应该剥夺你们相聚的时间。"

"好吧!那你说现在该怎么办呢?"

"我想我们最好让它维持现状。"

尚尚为什么会突然改变心意了呢?显然他已不再有被压迫的感觉,所以自发地通过观察整个情况的需要而自动改变心意。任何人受到压迫都容易失去理智,所以如果我们以强迫的方式一定无法赢得别人的合作。

让孩子学会尊重他人的权利

作为家长,不应只是在物质层面给孩子无微不至的关怀,还应给孩子精神上的教育和支持。心理和精神上的教育和培养会让孩子受益终生。所以,家长也要学着了解孩子的内心世界,帮助孩子克服各种心理困难,并帮助孩子树立正确的价值观和道德观。

不少家长注意到了要培养孩子谦和礼让的品质,看到孩子吃独食,或者不让小朋友玩他的玩具,就教育孩子要谦和。可是当孩子从幼儿园回来高高兴兴地告诉父母:幼儿园发水果,她挑最小的,父母又觉得孩子吃亏了。孩子满心以为能得到父母的赞扬,结果却挨了一顿骂,孩子犹如挨了一闷棍,糊涂了。

有些家庭则仅仅在理论上要求孩子礼让、尊重他人,而在实践上却是大力培养孩子的自私心理。当孩子想和父母一起分享好吃的食品时,做父母的往往会忘记平时自己对孩子的教育,反而会说,这是妈妈为你买的。

久而久之，孩子自然会形成"最大、最好的东西就该归我"的意念。父母说的是这样，做的又是那样，孩子困惑，简直无所适从，不知怎样才能符合父母的要求，很快，孩子学会了说一套做一套的坏毛病。

5岁的邱莹似乎很有音乐细胞，她很喜欢自己放唱片，欣赏音乐。有一天，妈妈发现邱莹竟然玩起客厅的音响，而且由于使用不当而弄坏了好几张唱片。妈妈向她解释唱片的价值昂贵，所以必须小心使用，而且这些唱片都是她非常珍爱的。邱莹一脸踌躇的表情。最后她终于答应妈妈不再碰她的唱片，如果她真的想听音乐，一定要请妈妈来帮忙并一起欣赏。但是过了几天邱莹打破了自己的承诺，她又开始自己玩音响、放唱片了。

邱莹没有权利玩妈妈的唱片，妈妈应该坚持这一点。前面实例中，妈妈对邱莹的解释没有丝毫用处，纵使她得到了邱莹的承诺，但并没有把握重点。妈妈并没有禁止邱莹玩自己的唱片，她只是表明她的心意，并要求邱莹尊重她的权利。其实妈妈应该语气坚定地说："这是我的唱片，除了我，别人不准使用。"只要邱莹想要去玩音响，妈妈便问她，她是要自己出去，还是要被赶出去。这便表示尊重孩子选择与决定的权利。而且妈妈一定要坚持原则，邱莹一定要离开房间。不过妈妈的态度必须留有余地，因为争取权利者的做法很容易变为独裁者的霸道行为。两者的不同在于一个人的心态。

清清今年6岁，他每次生妈妈的气时，都会踢或打或咬妈妈。妈妈并不相信小孩子具有恶劣的攻击性行为，所以也不当作一回事。他

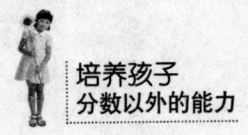

培养孩子分数以外的能力

只是告诉清清,妈妈被他打得好痛,所以他不可以再打妈妈了。结果这个方法对孩子没有产生任何作用。

可怜的妈妈,她竟然相信孩子的权利至上!殊不知,在平等的社会中,每个人的权利都相等。如果清清有权利对妈妈或打、或踢、或咬,妈妈也应该有相同的权利,而且妈妈有义务让清清明白这一点,但妈妈必须注意态度上的应变。例如,清清打妈妈时,妈妈可以很轻松地说:"你要和妈妈玩打架的游戏,是不是?"然后,妈妈便趁机打一打清清,不要太用力,但是要真的打。小孩子可能会受到激怒再打妈妈;妈妈还是同样的做法,这次可以稍稍用力。妈妈可以继续和他玩这场游戏,直到他主动退出。据经验,我们知道很少有孩子愿意玩第二次这样的游戏,他们可能会忘记又开始打人,但是如果妈妈再按照上面的方法和他玩打人的游戏,他一定很快就没兴趣了。

让你的小孩学会对自己的行为负责,并运用自主的精神去迎接生命的挑战,这会让他终生受益。

大自然是最好的老师

我们要从小教育孩子热爱大自然。大自然中蕴藏着无穷无尽的美,是孩子美育教育的源泉。经常带孩子去大自然中,可以得到美的享受、开阔眼界、增长知识、发展想象力和激发创造性。

当孩子还不会走路时,就可以抱孩子到室外活动一下。温暖的阳光,清新的空气不仅对孩子的健康大有好处,而且室外美丽的景色,尤其是蓝天白云，绿树红花，都可以吸引孩子的注意力。你可以把你所看到的事物一一介绍给你的孩子，刚开始孩子可能听不懂你的话，但亲切的话语有助于孩子的协调发展。

孩子会走路以后，可以较自由地活动，父母就要有意识地带孩子到大自然的怀抱中，让孩子成为大自然的一员。带孩子到郊外走走，闻闻泥土的清香，看看绿油油的农田，在茂密的草丛中打几个滚，摘几束野花编个花球，还有含苞的荷花，泥塘中的蛙鸣……让孩子说说自己看到了什么，有什么感觉。在大自然的课堂里，无疑能让孩子学会很多东西。

自然界充满各种各样的美妙的声音，教孩子细心倾听自然界的声音，如鸟叫、风声、雨声、流水声，使他们从小对各种声音有敏锐的感觉和分辨能力，这可以为今后欣赏音乐打下良好的基础；还要有意识地培养孩子观察自然界的优美的景色，如蝴蝶在花丛中飞舞，柳枝随风摆，小白兔的蹦跳，公鸡独立的雄姿等，并教他们模仿这些动作，以发展他们动作的灵活性；也可以教他们描绘大自然，画月亮、星星、太阳、树木、花草……以发展他们的手眼协调能力和创造力。

给孩子看一些有关自然景物、动物、鸟类的图册，把一些图片剪下来，装订成册，教孩子辨别不同的种类名称。

如果孩子对小动物感兴趣，可以给他做个鸟笼，养只鸽子，观察鸽子的饮食起居；养条小狗，了解它的生活习性等。

如果孩子对植物感兴趣，可以在院子或花盆里栽种一些花草，教孩子种植、培养，或准备一只木箱，底部放一些砂质土，上面再装一些黏土，开几条小沟，撒进几粒种子，给孩子准备一把小水壶，教他浇水、除草、松土。在共同劳动和享受劳动成果的过程中，孩子可以获得对大自然的认识，会感到自豪。

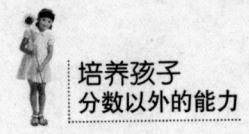
培养孩子
分数以外的能力

自我保护是孩子的必修课

一、对孩子进行必要的安全教育

1. 认识家庭住址及父母的姓名、单位

父母在孩子开始懂事时就要有意识地教他们识别自己家周围的环境,以及父母的姓名和单位等。通过日常的培养,孩子走失找不到家的可能性就小多了,并且增加了孩子应付外界环境的自信心,使其遇事不致惊慌失措。另外,还要教孩子一些在马路上行走的常识。

2. 避免被坏人伤害

孩子独自在外时碰见坏人的机会是存在的,由于孩子年幼无知又缺乏这方面的经验,所以容易上当受骗。父母教孩子避免被坏人伤害的主要方式是告诉他们一定不要接受陌生人的礼物,不要到陌生人家中去,也不要请陌生人到自己家里来。女孩则不要让父母以外的人抚摸自己的身体,碰到心存不良的人纠缠时,要赶快跑到人多的地方或告诉警察,还可大声呼救或跑到附近的居民家。

3. 教孩子认识常用小工具及安全使用的方法

父母在使用这些工具时,可以顺便告诉孩子这些工具的名称及安全使用的方法,还可以给孩子提供一些比较安全的小工具,诸如餐刀,不带尖的剪刀,小型的锤子、钳子等。孩子边玩边学,既可以熟悉各种工具的种类和功能,又可以在使用的过程中发展各种动作技巧。

4.认识药品及了解用药常识

家庭中，通常都存有一定数量药品以备急需，父母可以把一些常用药品拿出来教孩子辨认，使其逐渐了解药品的名称、用途及用法，这样既让孩子增长了知识，又降低了发生危险的可能性。另外在带孩子去医院看病的时候，还可以顺便教孩子认识医院，了解各个科室、看病的程序和方法，在可能的情况下简单地告诉他们某些医疗器械的用途，以便解除孩子对医生的恐惧感，学会配合治病，或在发生意外事故时，能自己到医院求助。

二、父母要帮助和教育孩子正视危险

父母对孩子的爱总是无微不至的。很多父母看见孩子拿了小刀削铅笔，就怕孩子削了手指，于是马上抢了过来，替儿女削。孩子拿针缝一下脱落了的扣子，母亲也会怕他刺了手指，而要抢过来代劳。父母的这种行为实际上是害了孩子。一方面，削铅笔、钉扣子不一定会削到手或刺破手，这是夸大了事物的危险性；另一方面，更重要的是剥夺了孩子自己体验危险，并产生出避免危险的智慧的可能性和机会，更不要说使孩子失去了学习劳动的机会。

危险从某种意义上来讲是到处存在的。人要生存下去，就要学会避免或战胜它。人类的历史也是同无数的冒险斗争并战胜危险的历史。

因而，正确的方法应该是帮助和教育孩子正视危险，避免危险，从而克服危险。如果真有什么或遇到什么危险的话，譬如父母认为用刀子削铅笔有削了手指的危险，就可以向孩子说明这种危险，并提醒他使用刀时应当怎样用力。

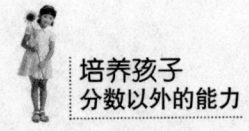
培养孩子分数以外的能力

勇勇是个好动的小男孩儿,特别喜欢爬树,而且爬得很高。邻居们从窗子里看到十分惊讶,并好意地把这一情况告知他的父母。确实,爬树时,如果从树上掉下来,是很危险的。邻居们都希望勇勇的父母能够禁止勇勇的冒险行动。然而,这又怎么能禁止得了呢?因为他爬树是在外面爬,他的父母根本不知道,而且父母又不是时时在他身边,如何去禁止呢?

勇勇的父母能做的只能是提醒勇勇爬树是一种很危险的游戏,要是树枝突然断落,就会有跌落的危险。而勇勇听了父母的提醒后,仍然照爬不误,而且他从来没有从树上掉下来。这是为什么呢?其实道理也很简单。这是因为勇勇在爬树时,他首先就要判断自己有没有能力爬;其次他在决心爬时会考虑牢固的踏脚点,衡量树枝能否支撑自己的身体。经过这些分析他才会开始行动,因此也就很少摔下来了。这些都应该由孩子自己来判断和选择,大人最好不要在旁指手画脚,更不要盲目地鼓励,叫好,那样会造成孩子的心理负担和压力,反而容易出事。

因而,在遇到孩子爬树和从事某些有危险性的活动时,大人可以提醒、指出其危险性,但不要强硬地禁止。因为对有些活泼和独立性强的孩子来说,禁止是无效的。

三、家长保护孩子的原则

至于家长应如何保护孩子,有关专家提供了以下需注意的原则:

(1)让孩子知道你爱他和了解他,以建立他的自信心,让他对你没有任何隐瞒。

(2)响应与保护儿童有关的呼吁,并支持制定相关法令。

（3）借各类新闻报道和事件教导孩子，让孩子随时保持警觉，保护自己。

（4）设计家人共有的暗号。

（5）不要让孩子单独搭出租车，若有必要，应抄下出租车车牌号码。

（6）尽量亲自接送孩子上学、放学，如果搭乘校车，应确定孩子安全上车后才离去。

（7）告诉老师，如果自己不能亲自接送孩子，一定会事先通知，并告知接送者的姓名、性别和特征。

（8）保存孩子最近的照片、录影带，以防临时或紧急需要。

（9）应要求孩子无论在哪里，都要跟父母或同伴在一起，即使在住家附近玩耍，也不要让孩子离开你的视线。

（10）确定孩子记得家里、父母单位或个人的电话和当地的求救电话号码。

（11）记录孩子同学或朋友的最新电话、住址。

（12）若发现住家或学校附近有可疑人等，应通知校方或警方。

（13）带孩子到公共场合时，先告诉孩子万一和父母走散或迷路时，可以找警察、店员或其他有小孩的妈妈求助，或者事先约定一个明显的相聚地点。

（14）不要让孩子的姓名出现在衣服、书包或其他用品上。若校方有需要，则要同时标明班级、学号。

（15）聆听孩子的倾诉，相信孩子的直觉才能给他最好的保护。

（16）不要让孩子自己一个人留在家里、车上，或任何公共场合。

（17）教孩子怎么用家里电话、公用电话求救，以及在没有钱币时如

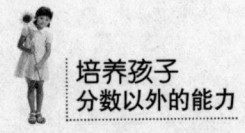

培养孩子
分数以外的能力

何打电话求救。

(18) 给孩子适当的零用钱,并教导孩子不要去那些复杂而不正当的场所。

别忘了让孩子带上基本常识

有的家长鼓励孩子找小朋友玩,鼓励孩子使用剪刀,鼓励孩子参加多种活动,可是一旦孩子跟小朋友打架,学会了骂人,或者剪破了手指,家长马上会收起剪刀,关上门,认为还是关在家里让孩子一个人安心。于是他们就企图用说教来培养孩子尊重别人和相互协作的好品行,这其实是不能奏效的。因为孩子只有在与同伴的交往中才能从自我中心的"硬壳"中解脱出来,才能了解自我与他人的区别,了解集体中每个成员应有的权利和义务,从而培养出尊重自己、尊重他人、理解行为规范、助人为乐的良好品质。

一次,几个顽皮的孩子把小瑞夫送上了一根大树枝,小瑞夫在空中环顾四周,吓得尖叫起来:"放我下来!放我下来!"听到瑞夫的哀求,孩子们将绳子松开。几个孩子这次可都明白什么是地球引力了,特别是瑞夫,再清楚不过了。若不是掉在草地上,说不定瑞夫都摔零碎了。瑞夫觉得委屈极了,哭着跑回家去告状,妈妈却说:"你的常识哪去了?"可是瑞夫不懂常识,当时他摔痛的屁股更不懂常识。

第三章
换一种方式爱孩子

所以，作为家长，你能否教孩子，至少教孩子一些基本常识，而不让孩子经受折磨与考验呢？

教孩子常识无须教学大纲或计划，你只需在必要的方面给孩子以指导，想出教孩子的方法，使他们从中得到锻炼。你可以提供一系列丰富的活动，渐渐地向孩子灌输常识、搜集信息。如果你懂得常识，你就能努力做到开发思维；如果你懂得常识，你就能做到通盘考虑问题。为此，孩子需要掌握如何从课本以外获取信息，这有助于孩子正确地，而不是轻率地下结论、做决定。

下面的建议可供家长们参考。

在房间里，让孩子环顾四周，然后把看到的东西一一说出来。此项活动可提高观察力。可以鼓励孩子从地板开始一样一样地说，一直说到天花板为止。

桌子上摆好几样东西，让孩子观察，然后让孩子闭上双眼。父母拿去一两样东西后，让孩子睁开眼，让孩子说出拿走了什么东西。与孩子交换角色，继续进行。

让孩子在放学回家的路上进行观察，看看从前未留意的东西。如：树的一根断枝，或一个停车标志。

你还可以通过对一系列的问题进行观察、思考、核实来轻松地教育孩子。例如，动身旅行之前检查油箱内的汽油量了吗？买鸡蛋时检查是否有破裂的蛋壳了吗？要买的衣服的质量如何？出门之前检查自行车的车胎了吗？横过马路前是否看左右有没有车辆——即使是绿灯也不例外？

你完全有能力培养孩子养成核实的习惯，当然，无论多么细心也难免会有差错，但至少可以避免某些日常生活中的不快。

教育孩子要保持警惕，试一试下面这一招。拿一个有虫眼的苹果，给

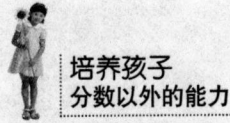

培养孩子
分数以外的能力

孩子看好的那边,问孩子:"这是个没有毛病的苹果吗?你把这个苹果吃掉好不好?"然后把苹果转过去,告诉孩子看问题不能片面,必须全面地看待事物,这是十分有意义的一课。

有一位女儿在回忆她的父亲时曾深情地写道:"我深刻地体会到父母对子女最大的爱护和关怀是教会子女基本的生活技能。"

第四章 孩子的能力要早培养

能力关系着一个人对社会的适应状态，也就是说一个人是否有强大的竞争力，取决于这个人的能力。因为现代社会是一个高度竞争的社会，竞争在社会各个领域中是一种十分普遍的现象。从考场竞争到体育竞赛，从经济竞争到政治、文化、科技竞争，从国内竞争到国际竞争，竞争在我们的社会中可以说无处不在，无处不有。我们的社会因竞争而充满生机与活力，也因竞争而不断演化与进步。因此，从小培养孩子的能力非常重要，这是家庭教育的重要内容。

意志力是孩子展望未来的基石

人要想获得一定的成功,必须具备多种心理素质,比如自信心、责任心、勇气、适应能力、自制力、心理承受能力等。这些心理素质都是各有特点和侧重,又都互相关联的,缺少任何一样,都是人生的缺失,都会对走向成功造成极大障碍。在这些心理素质中,意志力显得尤为重要。人生是艰难的,是要想取得一点儿成就、取得更大的成功,如果没有坚强的意志力,那几乎就是不可能的。

作为家长,谁都不希望自己的孩子成为缺乏意志力的人。每一个家长都希望把自己的孩子培养成为自主、自立、自信,敢于承担责任,具有顽强毅力的人。意志力是一个人前进的动力,是一个人冲破险阻的勇气。没有了意志力,就好像一个人丧失了灵魂。

意志,是自觉确定目的,根据目的去支配和调节行为,克服困难,从而实现预定目的的心理过程。意志力包括坚韧、顽强、忍耐、毅力、恒心、抵抗诱惑等。

作为非智力因素的意志,是人的心理、意识能动性的集中表现,是人的积极性的一种特殊表现,控制着人的情感,调节着人的行为,推动人们为认识世界和改造世界而顽强奋斗。

人一生中会遇到很多问题,无论在生活当中还是学习上,都会遇到很多难以预料的困难。但是只要有恒心,只要能够坚持,那么一切困难都会迎刃而解。所谓"锲而舍之,朽木难雕;锲而不舍,金石可镂"。下面看

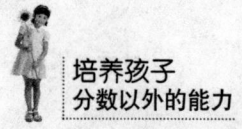

**培养孩子
分数以外的能力**

看神童卡尔·威特的父母是如何培养他的意志力的。

他们在儿子还只能趴在床上不会爬的时候,就开始训练他的持久力。他们认识到要训练孩子的持久力,先得从他的注意力开始,因为注意力持久是行为持久的前提。他们训练儿子注意力持久性的方法是,将一只能够引起儿子注意和兴趣的黄色布制玩具小猫放在儿子前后左右吸引他的注意力,等到儿子产生兴趣后,就把小猫放在他伸出手差一点儿就能够着的地方,吸引他去抓。孩子会努力地蹬着腿去抓小猫。当他老是抓不住准备放弃的时候,他的母亲便用手推着他的脚鼓励他:使劲儿!使劲儿!当儿子终于抓到小猫后,他母亲就用欢呼和亲吻来庆祝儿子的胜利,让他体验奋斗、成功的喜悦。在儿子能够爬行的时候,他们就给训练增加难度,当儿子马上就要够着目标的时候,就把吸引他的玩具挪到更远的地方,然后鼓励他继续爬着去拿。

卡尔·威特的父母认为,这样的训练既培养了儿子的毅力,又让他练习了爬行,可谓一举两得。等儿子稍大开始学习知识后,他们仍然用类似的方法去培养儿子坚持不懈的意志力,久而久之就使儿子养成一种习惯。当然,后来他们用来吸引儿子注意的不再是玩具而是书本。

卡尔·威特的父母对儿子意志力的训练是卓有成效的。小卡尔为了解出一道对他来说过于难的数学习题,即使超过了给他规定的学习时间他也决不休息,直到最终将这道题解出来。还有一次,卡尔·威特为了在画纸上准确地表现出对小桥阴影下河水的多层次颜色变化,而一次次对着小河观察,一次次修改他的画作,直到他把河水的那种"神秘感"表现出来才算罢休。这两件事体现了卡尔·威特超出常人的毅力。

父母们都是望子成龙，望女成凤的，都希望把自己的子女培养成一个成功的人。而通向成功的路只有一条，那就是：认准目标，坚持不懈，因为"胜利往往来自于再坚持一下的努力之中"。所谓坚持不懈，就是要有顽强的意志力，持久的耐力，在遇到困难的时候，有足够坚强的意志促使其"坚持一下，再坚持一下……"，直到取得胜利。

一个人若想成大事，必须具备顽强的意志力。

发明家爱迪生大约试用了6000多种纤维材料，才找到可持续发光1000多个小时的灯丝，延长了电灯丝的使用寿命。

居里夫妇在条件简陋的实验室里，经过3年的艰苦工作，终于从一吨沥青废矿中提取出了0.1克镭。

"诗仙"李白少年时性情散漫浮躁，读书没有毅力。有一次他碰到一位老太太正在磨一根铁棍，李白问老太太磨它干什么，老太太说要把它磨成一根绣花针。李白感到非常吃惊，要把一根铁棍磨成绣花针，这得磨到什么时候才能成？老太太说，只要有毅力，功夫到了，自然就能磨成针。

晋代的车胤从小好学，但家贫买不起灯油。到了夏秋时节，为了在夜里也能够读书学习，他就每晚抓来许多萤火虫装在白布口袋里，用萤火虫发出的微光照亮。与车胤同时代的孙康同他情况差不多，家里也非常穷，买不起灯油，晚上读不成书。有一次冬天下了大雪，白雪在夜里反射出的光比较明亮，孙康就跑到屋外映着雪光看书。以后，每当下了雪，他就照此行事。车胤和孙康后来都成为饱学之士，成了国家的栋梁之材。

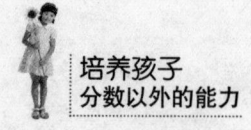
**培养孩子
分数以外的能力**

汉朝的孙敬是个好学之人,整天攻读不辍,夜里读书到很晚。为了防止读书时睡着,他就用绳子将头发吊在房梁上,一旦打瞌睡,就会被扯得头皮疼,就清醒过来,再接着读书。战国时的策略家苏秦为了实现自己的理想而研读姜太公兵法,晚上读书打瞌睡时,他就用针锥刺一下自己的大腿。孙敬和苏秦最终都实现了自己的人生理想。

圣人孔子晚年喜欢《周易》,为了钻研《周易》,他一次次阅读、翻动,用来串联竹简的牛皮绳都磨断了三次,这就是"韦编三绝"的来历。凭着这种坚韧的意志力、毅力,孔子对《周易》的研究取得很大的成就,给它做了好几种注解。

试想,没有坚强的意志力,他们怎么可能在艰苦而又漫长的科学的道路上跋涉下去。如果没有超常的意志,他们又怎么为人类做出如此巨大的贡献?

一个意志薄弱的人,是经受不住任何考验的,也将会是一个一事无成的人。

现在的孩子以独生子女居多,孩子简直就是父母的心头肉,心肝宝贝。父母对孩子溺爱有加,不肯让孩子受一点儿委屈,恨不得一切事情都为孩子包办代替。孩子遇到困难时,父母马上为他解决。如此,怎能培养孩子的意志力?而没有坚强的意志力的孩子,又怎能成为一个成功的人士?须知,在人生之途上会有许许多多的艰难险阻,战胜这些艰难险阻没有顽强的意志力是绝不可能的。

为此,必须从小就培养孩子的意志力。意志力强的孩子取得成功的希望当然要大于意志力弱的孩子,那种一遇困难就打"退堂鼓",就掉头而去,就躺倒不干的人则永远都不会有成功的可能。

要培养孩子具有坚强的意志力,就要培养孩子的坚持性。坚持就是胜利。缺乏坚持性，事情往往会功亏一篑。家长应该教育孩子做任何事都有始有终，绝不能因为遇到困难或者受到什么诱惑而半途而废。这要从日常生活中的任何事情做起。

要培养孩子具有坚强的意志力，还要培养孩子的自觉性。有自觉性的人对自己的意志行动的目的性有明确的认识，他坚信自己的行动是正确的，并按照自己的计划自觉地去努力。不仅如此，他还能认真倾听合理化建议，坚定原则。因为孩子的自觉性比较差，任性、执拗、过分依靠成人，因此家长必须注意培养，使其逐步从成人的检查监督过渡到自我检查监督。

持久的培养训练，必能使孩子具备坚强的意志力。

"哈佛女孩"刘亦婷的母亲用卡尔·威特的父母训练儿子意志力的办法来训练女儿，为了培养女儿的顽强精神，她总是在女儿放弃自己的目标时，鼓励、吸引女儿继续下去，如找球、捡东西等，她只帮助女儿解决一下她确实克服不了的困难，然后仍让女儿自己进行到底。如果女儿碰痛了，她也不安慰她，而是要求女儿"勇敢""不怕"，并尽快转移她的注意力，吸引她观察新的事物，忘记疼痛。这样的训练坚持下去，久而久之，刘亦婷形成了很强的毅力和恒心。在刘亦婷10岁时，她的父亲为了考验她的意志力，曾与她打赌，看她能不能用手捏着冰块坚持一刻钟；她的妈妈也跟她打赌，看她能不能踮脚站立30分钟。最后，刘亦婷都以自己超乎常人的顽强的意志力经受住了考验，赢得了胜利。

作为家长，只要你精雕细刻，耐心砥砺，你的孩子一定能够成为对社会有用之人。

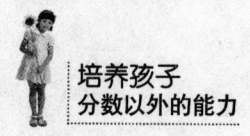
培养孩子
分数以外的能力

管理自己从自制力开始

自制是指一个人自觉地调节和控制自己行动的品质。自制力强的人，能够理智地对待周围发生的事件，有意识地控制自己的思想感情，约束自己的行为，成为驾驭现实的主人。

自觉地调节作用，表现为发动行动和制止行动两个方面。所谓发动行动是指激励和推动人们去从事达到预定目标所必需的行动。所谓制止行动是指抑制和阻止不符合预定目标的行动。这两者是对立统一的。

自制力强的人，处在危险和紧张状态时，不轻易为激情所支配，不意气用事，能够保持镇定，克制内心的恐惧和紧张，做到临危不惧，忙而不乱。

自制力强的人，在崇高理想的支配下，能够忍耐克己，为事业、为社会做出惊天动地的大事。邱少云在侦察敌情时，为了不暴露目标，忍受着烈火烧身的痛苦，直至英勇献身。这是高度自制力的光辉典范。

自制力薄弱的人遇事不冷静，不能控制激情和冲动，处理问题不顾后果，任性、冒失。这种人易被诱惑而动摇，或惊慌失措。

许多学者、军事家、政治家在指出自制力的重要性的同时，也指出易冲动、好急躁之危害。我国古代军事家孙子把易冲动、好急躁的指挥员用兵视为"用兵之灾"，列为覆军杀将的五种危险之一。林则徐根据自己的生活阅历总结出脾气急躁、遇事容易发怒的人最容易把好事办坏。他为了克服在自己身上存在的急躁的坏脾气，亲自动笔书写"制怒"二字，挂在

第四章 孩子的能力要早培养

自己的书房里。以后无论走到哪里，林则徐都把这块横匾带到哪里。

可见，培养和锻炼自制力，克服自制力薄弱的弱点，对生活、工作、学习都是非常必要的。

每个孩子都需要一段训练来提高他的自制力。

妈妈将一岁大的毛毛放在沙堆中，然后自己坐在一旁看着他。毛毛本能地将手伸到沙堆中，用手指拨弄沙土，他天真地看看妈妈并随手抓一把沙土往嘴里塞。

"毛毛，不行，不行。"妈妈跳起来，奔向她的儿子。她紧紧抓着他，猛将他嘴里的沙挖出来，然后又将他移到另一处沙堆中。结果同样的事又重复出现了。

毛毛发现让妈妈不停为他忙碌是一项很有趣的游戏，而妈妈偏偏又不放心让毛毛自己玩，总是要不停地盯着他。其实妈妈应该训练毛毛不要将某些东西塞到嘴里。大多数的婴儿几乎都有这种反应，这也是他们探索周遭环境的一种途径。所以妈妈应该训练婴儿的自制力。

只要毛毛将沙子塞到嘴里，妈妈就抱开他：既然他不适合玩沙堆，他就必须离开。毛毛可能会因此而大哭大闹。这时妈妈必须坚持立场，随他哭。如果毛毛不哭了，妈妈可以让他再试一次。万一他还是将沙子塞进嘴里，妈妈便一声不响地再将他拉开。他便很快了解其中的道理：沙子放进嘴里——离开沙堆。妈妈不必多解释，因为他不见得能听懂，但是他懂得行为的基本用意。

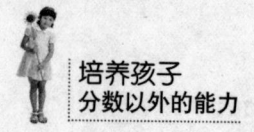

培养孩子
分数以外的能力

承受力有多大心就有多大

一、心理承受力是磨炼出来的

怎样培养孩子面对失败时的心理承受能力呢?专家认为,心理承受能力的培养不能只靠家长、老师,还要靠孩子自己在生活中体验,在磨炼中不断提高自己的心理承受能力。具体地讲,必须注意以下几点:

1.遇事常想别人

只想个人利益的人,就会患得患失,心理失去平衡;多想别人的人,心底无私天地宽,就会永远快乐。教育工作者提倡四"多"一"强化"的做人原则,就是多念别人的好处,多看别人的长处,多想别人的难处,多给别人益处,强化为他人服务的观念。教育工作者提倡发扬主体精神,更提倡培养合作意识。在未来的社会竞争中,不会合作,不会关注他人、为别人着想,只想个人利益而不想个人责任的人,主体精神越强离成功越远!

2.生活多经挫折

要在挫折中锻炼成长,在大风大浪中成长。

3.平时广交朋友

没有朋友,遇事闷闷不乐,冥思苦想,没有交流,无处发泄那怎么行?性格开朗的人就能多渠道交流,提高心理承受力。通过别人看自己,了解别人更大的不幸是治疗自己不幸的良方。

4.思维不要绝对

要多渠道思考问题,不要为"必须""一定"等绝对化的信念左右。庄子说:"祸兮福之所伏,福兮祸之所依。"看问题要一分为二,要两点论。就说高考吧,考上的人总是少数,能考上第一志愿的就更是少数,"榜上无名,脚下有路"就是走出了思维绝对化的陷阱。

这样,不仅能从别人的给予中得到幸福,而且能从内心深处激发出一种自我幸福的本能,从而在任何挫折面前都能泰然处之,永远乐观。

二、给予适度的"劣性刺激"

大量的社会调查表明,现代青少年的身心日趋脆弱,常表现出孤僻、怯懦、自私、任性等心理状态。究其原因,生理学家和教育家一致认为:这些青少年普遍缺乏的是"劣性刺激"。

什么是"劣性刺激"呢?"劣性刺激"是指令人不舒服或不愉快的外界刺激。这些刺激对儿童来说是必须和有益的,归纳起来,主要包括以下几种:

1.困难

儿童意志薄弱者甚多,这与他们生活总是一帆风顺有关。年轻的父母不妨人为地给孩子设置一些困难,让其通过努力克服,以开拓他们解决问题、克服困难的思维和能力。

2.劳累

由于现代家庭生活水平的提高,现在的儿童几乎与劳动无缘,致使孩子不知什么是累。活动量小,使其缺乏锻炼造成肢体懒散,肌肉无力,不仅妨碍身体发育,而且还会影响智力开发,更容易养成脆弱、自私和好逸恶劳的恶习。

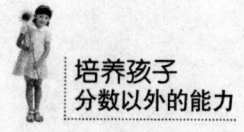

3. 批评

要使孩子有教养，家长从小就要明确规定一些他们应该做和不应该做的事。比如打人、骂人、糟蹋东西等是绝对不允许的，有错则立即批评。

4. 饥饿

为什么相当多的孩子有偏食、挑食的习惯，而且食欲较差，主要原因是他们很少领教饥饿的滋味。他们常常零食不离口，吃饭时自然没胃口。为了增加儿童的食欲，年轻的父母不妨有意识地让孩子饿一点儿。

孩子受到约束和"劣性刺激"，可能会一时感到不快甚至痛苦，但是这对他们的身心健康和成长是有益的，也可以培养孩子独立生活的能力。

近年来，要对广大青少年进行"挫折教育"的呼声越来越高。大量事实证明，不仅青少年需要挫折教育，而且人人都需要挫折教育。这既是社会发展的需要，也是个人成长的一种需要。

发展生产力，把经济搞上去，这是全国人民的共识。但是在深化改革、经济迅速发展的时期里，人们自觉不自觉地忽视了对广大青少年的某些非智力因素的开发，忽视了对他们进行磨难教育、适应社会主义市场经济环境的意志品质和挫折承受能力的教育。

有些家长，从小对孩子过分保护，只要孩子读好书，一切该孩子自己动手去做的事情，都由家长代劳。许多中小学校，为了追求升学率，只注意学生考分的高低而忽视了他们心理素质的培养。这一代青少年没有经受过他们父辈劳动锻炼的艰苦生活的磨炼，更没有经历过祖辈战争年代的考验，所以，一些青少年虽然学了不少书本知识，但是遇到困难和挫折常常不知所措，甚至一蹶不振。这不能不令人担忧！

有关资料表明，我国青少年与日、美、英、德、新加坡等国青少年相比，日本青少年的俭朴和吃苦精神、美国青少年的国家意识和自立精神、英国青少年的"绅士风度"、德国青少年的动手能力、新加坡青少年的道德规范意识，以及他们的挫折承受能力等非智力素质，都给人们留下了深刻的印象。

当代中国青少年将是祖国跨世纪的建设者和接班人，他们的素质如何，关系到我国在未来竞争中的地位和命运。为此，除了引导他们树立正确的人生观、价值观，掌握丰富而扎实的基础知识以外，加强以进取意识为内容的磨难教育，显得尤为重要而迫切。

忍耐和适应决定孩子的命运

传统家庭养育子女是要子女与自己同舟共济，共挑家庭重担。可是，在现代社会的生活里，孩子长大了，不一定能达到父母的期望，可能还会做出令父母伤心的事。

孩子产生问题行为的温床，大多和不良社会环境以及心理环境有关，例如：

（1）对父母的管教不满；

（2）孩子得不到别人的理解和受到冷遇，产生不满情绪；

（3）自我表现和正常要求得不到合理满足而产生的挫折感；

（4）对父母偏爱别的兄弟姊妹所产生的嫉妒心理；

（5）在家庭和学校里的低成功感和自卑感。

因此，父母要自审自身，还要给孩子提供良好的成长环境，不要让其染上歪风邪气。

世事难料，事与愿违，社会学家和心理学家强调改变环境去迁就人

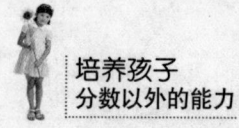

培养孩子
分数以外的能力

的需要,在合理范畴内是可行的。可是人类的能力有限,在能力范围以外勉强追求,势必招致身心困乏,饱受无形压力;若急功近利,必致铤而走险,言行乖张。

教导子女对需求不遂要表现克制,要培养忍耐力,所谓"百忍成金"。若合理发挥"忍耐"的美德,可能"守得云开见月明",否极泰来,重获新的机会去取得成功。从小对子女娇生惯养,百般呵护,万般迁就,反而会使子女失去面对不称心如意的环境时如何反应的训练机会。

因此,家长应根据子女的具体情况,循序渐进地让他们接受挫折教育,学会忍受和自足,学会消除不满情绪的方法和手段,教他们适度地调整自己的需求和社会需求之间的差距,协助他们巧妙地转化不满情绪,化不满为力量。

自信是成才的基础

我们知道,自信心是成就一切事业的基础。无论做什么事,一个充满自信的人都不会退缩,他们勇往直前,不达目的誓不罢休。拥有自信的人,相信一切皆有可能,他们从不接受失败,相信等待他们的会是成功。自信是孩子必备的能力,也是能力培养中最重要的一环。拥有自信的孩子无论学习还是生活,以至成年后参加工作,都将成为众人的榜样,成为佼佼者,因为他们相信自己永远都是最优秀的一个。但是,令广大家长担忧的是,现实生活中很多孩子缺乏自信心,他们做事畏首畏尾,不相信自己,还没开始就担心失败。这对孩子的影响极坏,很可能对其自信心造成严重打击。"我不行!没经验,真的干不了。""这是同学对我的信任,应该试试吧。"玲玲自从被同学投票当选了团支书,几乎一整天都在这两种想法中徘徊。她到底行不行?既然玲玲能被同学投票选出来,就说明大家对她的能力有信心,所以能不能做好更取决于她是不是有自信。孩子缺乏自信心,必有其形成的原因,只有找到了病根,才能药到病除。病根从哪里找呢?还得请家长反思自己。一般来说,孩子缺乏自信心主要是源于家长对孩子过度关爱和保护,或是对孩子过多斥责和批评。

一、由家长造成的孩子缺乏自信

1.保护过度

在我们的社会中,由于"独苗苗"现象的普遍存在,孩子变成了家里的"小皇帝""小公主",因而也自然成为家人的聚焦中心,唯恐有任何闪失。加上小孩子的能力本来不足,做事情笨手笨脚,动作又慢,很容易产生自信心不足的心理。大人在一旁看着,情不自禁地着急,往往越俎代庖自己动起手来。

久而久之,孩子什么也不会干,于是父母更"有理由"抢着包办代替,剥夺孩子自己做事的权利。孩子无从学习亲自动手做事,于是他的自信心也越来越少。家长过度保护的另一种表现是恐吓手段。比如,不让孩子出家门,怕孩子会"闯祸",说"外面有大灰狼""有坏人要把你带走"的谎言,使孩子只能老老实实地待在家里。这样孩子是变得听话了,可是,他的自信心也被吓得没有了。

2.过多批评

许多家长对孩子的期望过高,总是把自己的孩子与别人对比,恨不得将所有孩子的优点都集中在自己孩子一人身上。这种脱离实际的幻想,当然实现不了,于是,孩子常常被骂"你真笨""你怎么样样不如别人",

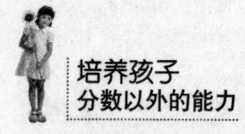

甚至一些不堪入耳的脏话，都能从家长的嘴里说出来。在这样的环境下，又怎能培养出有自信心的孩子来呢？

二、由孩子自己造成的缺乏自信

除了家长的教育方式外，孩子自身的原因也会引起他们不自信：

1. 学习遭受挫折

目前的教育还是以应试教育为主，大部分家长对孩子学习成绩的关心是超乎寻常的，有的家长甚至仅仅拿成绩的好坏作为评价孩子的唯一标准。只要成绩好，孩子一切都好。只要成绩不好，孩子一切都不好。家长的这种思维方式和评价标准也严重地影响到了孩子的健康成长，孩子背负了太重的学习压力。尤其是那些学习成绩不够理想，或偶尔在考试中失手的孩子，迫于大人的压力往往不能正确地认识自己，从而导致自卑心理的产生。

2. 缺少成功体验

平时做事成功率不高，在日常的生活和学习中经受了过多的失败与挫折。

在影响孩子成才的诸多因素中，打击最大的莫过于"失败"了。失败感会对孩子健康人格的形成产生极大的负面影响，他们会表现出孤独不安、过度焦虑、过分自责、行为退缩等心理障碍。

3. 能力不足

孩子同大人一样都是生活在群体之中，一些先天或后天能力相对较弱的孩子在能力较强者面前往往感到自愧不如，他们会由于自身的条件不如别人而产生挫折感。更为糟糕的是，如果这些某一方面能力较差的孩子不能得到家长和老师的正确对待与引导，他们就会在心里产生畏惧，对许多事情望而生畏,最后会产生恶性循环,人家是强者更强,自己是弱者更弱,与别人差距越来越大,自己的自卑心理也愈来愈严重。

4. 生理上有欠缺

一些身材矮小、身体有残疾的学生,常常经历常人无法体验的尴尬与痛苦,陷入自轻自贱的自卑境地。一些说话口齿不清、五官不正的学生也经常会受到同学们的嘲笑。

5. 对自己要求过高

有的孩子由于盲目地对自己要求过高,或过于追求完美而陷入了自卑的泥潭。

6. 过低估计自己

东方文化崇尚"谦虚为本",但有的孩子可能错误地理解了家长的要求,或者是有的家长错误地要求了孩子,于是他们往往高估他人的能力,低估自己的能力,经常拿自己的短处与他人的长处相比,越比越觉得自己不如别人,越比越泄气,越比越没有自信。

三、帮孩子提升自信

了解了造成孩子不自信的原因,家长就应该找出相应的办法,正确引导孩子,培养出拥有超级自信力的孩子。具体方法有:

1. 鼓励

孩子做事之前,家长应该说:"我相信你一定能做到。"孩子成功以后,家长应该说:"你果然做到了,真了不起。"从孩子学步时起,父母就应注意肯定和鼓励,但要避免不符合实际的吹捧。

2. 让孩子从成功的喜悦中获得自信心

培养孩子自信心的条件是让孩子不断地获得成功的体验,而过多的

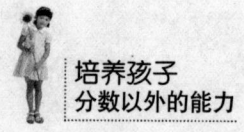

失败体验,往往使幼儿对自己的能力产生怀疑。因此,家长应根据孩子的发展特点和个体差异,提出适合其水平的任务和要求,确立一个适当的目标,使其经过努力能完成。

3.让孩子自己的事情自己做

这主要是培养孩子的生活自理能力,放手让孩子去做,不仅能培养孩子的生活自理能力,还可以培养孩子的自信心。

4.看到进步

不拿孩子和别人做比较,多和孩子的过去相比,让孩子看到自己的进步。

5.尊重孩子

作为家长,只有尊重孩子,才能让他们真正体会到自己的价值,从而树立信心。

6.不要在别人面前讲孩子的缺点

在别人面前讲孩子的缺点容易使孩子产生自卑心理,可能会让孩子养成自暴自弃的习惯。

7.把握说话语气

孩子捡起了一块石头,高兴地拿给爸爸看,说:"爸爸,你看我捡的石头多好看。"爸爸如果说:"看你弄得满身是泥。"孩子会不高兴地扔掉石头,垂头丧气地走开。爸爸要是说:"这石头真漂亮,你去把它好好洗洗,那就可以看得更清楚了。"这样孩子探索的积极性就可以得到发展。

8.改变思路

引导孩子把注意力放在追求成功上,而不是先考虑失败了怎么办。发现孩子的优点,帮助他扬己之长,勇敢地去尝试,使其逐渐习惯考虑各种达到成功的途径与可能性。

语言小天才是这样培养的

俗话说：会干的不如会说的。现实社会中，如果你仔细观察便能发现，那些口才好的人往往拥有更好的工作与生活。的确如此，随着社会的进步，对人们工作能力的要求也不仅仅是埋头苦干，拥有好口才的人往往更受青睐。能说会道是一种能力，看一个人有没有能力，而这个能力能否表现出来，很大程度上看的就是口才——说话的能力。能说会道，就像写文章一样有很多的学问。有时想说却不能说，不该说；有时想说却不会说，不敢说。在说话的背后，体现了一个人全部的品质、修养、才学和城府。在今天这样的信息时代、文明社会，探讨学问、接洽业务、交换信息、传授技艺以及交际应酬、情感传递、娱乐消遣……种种都离不开口才。

一、好口才得到好喝彩

有人说："很多人天生就能说会道。"其实，口才根本就不是天生的，完全是后天训练得来的。说什么、怎么说、和谁说、该不该说都是一种文化，是一门艺术。在当今竞争如此激烈的社会，更需要去推销自己。所以，从小培养孩子能说会道的能力，让孩子拥有好口才，将会改变孩子的人生。苏霍姆林斯基曾指出："语言是智力发展的基础，也是所有知识的宝库。"美国一位学者指出，人有六种才能会在儿童时期显露出来，如能及时得到鼓励和引导，这些孩子就可能成为某个领域的杰出人物。这六

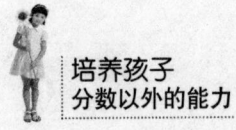

种才能中,首要的是语言表达能力。

知名演说家柏君先生小时候曾经是一个自卑而且内向的男孩子,他的牙齿因为是"四环素牙"而比较黑,并且走路的时候经常弓腰驼背。这是一个典型的会越来越自卑的人。而在几年时间里,柏君先生不断地突破自己,变得开朗自信起来。只是牙齿还比较黑,而且走路弓腰驼背的习惯也没完全克服。这个时候他正好遇到了心目中所爱的女孩子,在求爱的时候那个女孩子说:"你牙齿那么黑,走路还弓腰驼背,谁会愿意嫁给你呀。"

那时的柏君已经不会因为自己有缺点而自卑,反而大大方方地对那位女孩说:"你知道吗,我柏君牙黑心不黑;虽然我走路弓腰驼背,咱俩结婚以后,我肯定对你鞠躬尽瘁。"那个女孩开心地看了看柏君,点头同意了他的求爱,之后他们进入了甜蜜的婚姻生活。

如今柏君已经是一位社会公认的有卓越贡献的青年演说家,有时想起当年那段场景,他经常开心地回忆,并在演讲的时候告诉听众:缺点就是卖点,缺点就是优势,缺点就是证明自己可以做得更好的机会。

能说会道是一种能力,更是一种艺术。谁能掌握这门艺术,无论在工作还是生活中,就会如鱼得水,事半功倍。

纪晓岚是翰林院大学士,能言善辩,机智过人,被誉为"铁齿铜牙"。这一点是他立身处世的一个重要法宝,也使他很得乾隆皇帝的喜爱。有一天,纪晓岚陪乾隆在御花园里散步。乾隆忽然问纪晓岚:"纪爱卿,忠和孝到底应该怎么解释呀?"纪晓岚答道:"君要臣

第四章
孩子的能力要早培养

死,臣不得不死,此为忠;父要子亡,子不得不亡,此为孝。"乾隆一听,便以为纪晓岚中了圈套,于是说:"我现在以君王的身份,要你立刻去死!"纪晓岚慌乱了一下,随即想出了一个好主意,便说:"臣遵旨!"乾隆好奇地问:"那你打算怎样死?"纪晓岚显得又害怕又紧张地小心回答:"跳河。"乾隆一挥手,说:"好!你现在就去跳吧!"等纪晓岚走后,他便在花园里踱着步,心想纪晓岚将会如何渡过这道难关。他心中既好奇,又紧张,因为他并不是真要纪晓岚去死。为了缓解紧张的心情,乾隆就吟起诗来。谁知一首诗还未吟完,纪晓岚便跑回来了。乾隆很奇怪,就故意板起脸来问道:"纪爱卿,你怎么还没有去死呢?"纪晓岚说:"我刚刚走到河边时,不料碰到了屈原,他不让我跳河寻死。"乾隆感到更加奇怪了:"你这话是什么意思?"

"刚才我站在河边,正想跳下去。这时原本很平静的河水中突然涌起了一个大旋涡,好像有东西要从水里冒出来一样。水花静止后,我才发现从水里站出来的是投江自沉的楚国忠臣屈原。"纪晓岚一板一眼地说。"真的吗?那他对你说了些什么呢?"乾隆明知纪晓岚在故弄玄虚,但仍想看看他如何作答。纪晓岚不慌不忙地说:"屈原指着我问:'你为什么要跳河?'于是我把刚才皇上要臣尽忠的事情告诉了他。他说:'这就不对了!想当年楚王是昏君,我不得不跳河。可是我看当今皇上是个圣明之人,不应该再有忠臣要跳河啊!你应该赶紧去问问皇上,他是不是昏君?如果他自认是昏君,那时我们再做伴也不迟呀!'因此臣只得跑了回来。"乾隆听了,忍不住哈哈大笑说:"好一个巧舌如簧的机智人物!好了,朕算服你了。"

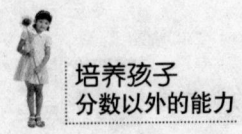

培养孩子
分数以外的能力

可见,练就一副好口才,你的工作和生活都将发生变化,它将使你攀越更高的山峰。作为家长,一定要从小培养孩子的语言能力,让孩子练就一副好口才。人类学习语言最为快捷有效的时候是在3岁之前,也就是婴儿的大脑高速发育成长的阶段。每位家长都希望自己的孩子将来能够自如、流畅地与人交流,充分地表达自己的意思。随着年龄的增长,家长总是希望了解子女是否达到了同龄儿童应当具有的水平。

二、父母这样帮孩子练好口才

那么作为合格的家长,应当如何教育孩子掌握语言和交流技能,如何能让自己的孩子变成一个语言小天才呢?

1.积极引导孩子开口说话

一周岁左右的孩子,其实都会表现出强烈的说话欲望,如果家长能够正确地加以引导,会发现孩子的语言能力突飞猛进。

2.利用游戏,增强"说"的信心

游戏是对幼儿进行全面发展教育的重要形式,游戏是孩子最喜欢的活动,孩子们在游戏中会感到轻松愉快、毫无压力。

3.创设情境,激发"说"的兴趣

幼儿年龄小,他们的学习往往从兴趣出发,若运用外部压力迫使孩子被动说话,往往会造成孩子的心理负担,引起厌说情绪。因此,家长应在随意、自然、无拘无束的氛围中激发孩子的说话兴趣,创设多种情境调动孩子说话的积极性。

4.给孩子创造"说"的机会

幼儿的语言发展是与周围环境相互作用的结果。因此,对孩子说话能力的培养应是一个不断促进主客体相互作用、长期发展的过程,家长应该通过组织丰富多彩的活动，为孩子提供多说的机会。

5. 引导孩子训练"说"的思维

幼儿语言的发展与思维的发展有着十分重要的联系，要让孩子会说，还必须重视对孩子进行定向思维和逻辑思维的训练，养成他们说前先想的习惯，把想和说有机地结合起来。

6. 和孩子说话时，最好说普通话

要慢慢地把每一个字都说清楚，声音也要尽量柔和亲切，可以适当地重复几遍。对于孩子说得不是很正确的，要及时予以更正。

7. 给孩子学习和展示自己语言能力的机会

带孩子外出，可以让孩子把抽象的语言和具体的事物联系起来，让孩子感觉到语言的乐趣。尽可能地给孩子创造展示自己语言能力的机会，让孩子唱歌，念儿歌，背古诗。在孩子表演的时候，及时给予孩子表扬和鼓励。

成功的人都有一颗专注的心

专注力是一个人学习和做事能否成功的关键，对人的一生都是至关重要的。从小培养孩子的专注力无疑是最重要的，等到孩子长大了，一切都养成了习惯，则改之晚矣！

一、专注对人一生的重要性

一个专注的人，往往能够把自己的时间、精力和智慧凝聚到所要干的事情上，从而最大限度地发挥积极性、主动性和创造性，努力实现自己

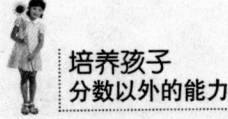
培养孩子
分数以外的能力

的目标。专注的人更容易获得成功,他们做事一心一意、全神贯注,把全部精力投入到自己的学习或工作中,因此能够比别人早一步获得成功。把太阳光集中到一点,能使一堆干柴燃烧起来;一枚铁钉朝着一个方向钉下去,能穿透任何坚硬无比的木板;当一个人神情专注、目光如炬地紧紧逼视面临的对手时,最强悍的敌人也要胆战心惊。荀子在《劝学》中用蚯蚓和蟹做比较,意在说明专注做事的重要性:"蚓无爪牙之利,筋骨之强,上食埃土,下饮黄泉,用心一也。蟹六跪而二螯,非蛇鳝之穴无可寄托者,用心躁也。"他提出千百年来一直被人们传诵的那句至理名言:"锲而舍之,朽木不折;锲而不舍,金石可镂。"由此可知,专注是通往成功之门的一把神奇钥匙。

很早以前,在美国西部有一位农场主巡视谷仓时,不慎将一只名贵的手表遗失在谷仓里。他遍寻不获,便定下赏价,承诺谁能找到手表,就给他50美元。人们在重赏之下,都卖力地四处翻找,可是谷仓内到处都是成堆的谷粒,要在这当中找寻一只小小的手表,谈何容易。许多人一直找到太阳下山,仍一无所获,只好放弃了50美元的诱惑而回家了。这时仓库里只剩下一个贫困的小孩,他仍不死心,希望能在天完全黑下来之前找到它,以换得赏金。谷仓中慢慢变得漆黑,小孩虽然害怕,但他不愿放弃,仍不停地找寻着,突然他发现在安静下来之后,有一个奇特的声音在响。那声音嘀嗒、嘀嗒不停地响着,小孩顿时停下所有的动作。谷仓内更安静了,嘀嗒声也变得十分清晰,是手表的声音。终于,小孩循着声音,在漆黑的大谷仓中找到了那只名贵的手表。

这个小孩成功的法则其实很简单：专注地对待一件事，你总会打开成功的门户。

曾经在电视上有这样的一幅画面：

一望无际的非洲草原上，一群群羚羊在那儿欢快地觅食，悠闲地散着步。就在这时，突然一只非洲豹向羊群扑去，羚羊受到惊吓，开始拼命地四散奔逃。非洲豹的眼睛盯着一只未成年的羚羊，穷追不舍。在追与逃的过程中，非洲豹超过了一只又一只站在旁边惊恐观望的羚羊，只是一个劲儿地向那只未成年的羚羊拼命地追去。令人感到奇怪的是，它却像未看见那些和它挨得很近的羚羊一样。终于，那只未成年的羚羊被凶悍的非洲豹扑倒了。

在追赶的过程中，豹子为什么不放弃先前那只羚羊而改追其他离得更近的羚羊呢？那样，岂不是更容易捕捉到猎物？原来豹子已经跑累了，而其他的羚羊并没有跑累，如果在追赶途中改变了目标，其他的羚羊一旦起跑，转瞬之间就会把疲惫不堪的豹子甩到身后，因此豹子始终不丢开已经被自己追赶累了的羚羊，最终的目标是让它成为自己口中的猎物。

专注于目标，然后心无旁骛地向着目标前进，那么，成功就是水到渠成的事了。一个人一旦把注意力集中到一个点上，他的思想就会得到调整，他的精神潜能就能得到开发，整个世界就像是一本打开的书，由他翻阅，自由汲取其中能为他所用的精华。有人问美国发明大王爱迪生："成功的第一要素是什么？"爱迪生回答道："每个人整天都在做事。其中大多数人每天要做很多事情，而我却只做一件事情。假如你们把这些时间运用在一件事情、一个方向上，那么，你们同样会取得成功。"

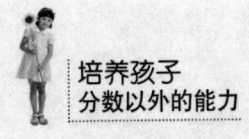

培养孩子
分数以外的能力

二、正确引导孩子的专注力

既然专注的能力如此重要,作为家长,应该如何培养孩子专注的能力和习惯呢?

1. 充分利用孩子的好奇心

许多实例证明,新奇、富于运动变化的物体最能吸引孩子的注意。会唱歌的生日蛋糕、会跳的小青蛙、会自己走路的小娃娃等,这些玩具一下子就能调动起孩子们的好奇心,让孩子集中注意力去观察、摆弄。家长可以给孩子买一些类似的玩具,以此来训练他的注意力。特别是对于0~3岁的孩子来说,采取这种方法是最理想、最有效的。

2. 让孩子学会自我控制

专注就是要你把意识集中在某个特定的欲望上的行为,这种行为要一直集中到已经找到实现这个欲望的方法,而且直到成功地将之付诸行动为止。在这一过程中,人们可以通过意志力来控制自己的专注程度。当孩子的思想不能集中,经常游离于当前的工作或者精神恍惚、心中产生莫名的忧虑、担心和恐惧,抑或是做了大量无用功而效率低下时,家长可以引导孩子通过意志力来集中注意力。集中注意力能帮助孩子清楚大脑中产生压力的想法,制止分散注意力的交流,并且使孩子重新获得对大脑的控制。

3. 活动调节

长期集中注意力于某事物,必然会带来大脑的疲劳,影响学习效率。因此,家长要让孩子通过一定的活动来调节自己的思维。

4. 在游戏中训练孩子的专注力

心理学家曾做过这样一个实验:让孩子在游戏和单纯完成任务两种不同的活动方式下,将各种颜色的纸分装在与之同色的盒子里,观察孩子注意力集中的时间。实验结果发现，在游戏中，4岁的孩子可以持续进行22分钟，而且分放纸条的数量比单纯完成任务时多50%。在单纯完成任务的形式下，同龄的孩子只能坚持17分钟。实验结果还表明，孩子在游戏活动中，其专注力集中程度和稳定性较强。

5.兴趣吸引

兴趣是最好的老师，不管谁在做自己感兴趣的事情时，总会很投入、很专心，孩子也是如此。在生活中你常常会看到一些孩子在按家长的要求做某些事的时候，总是应付了事或心不在焉，而在做他感兴趣的事情时，却能全神贯注、专心致志。对幼儿来说，他的专注力在一定程度上直接受其兴趣和情绪的控制。因此，我们应该注意把培养孩子广泛的兴趣与培养他的专注力结合起来。例如培养孩子识字的兴趣，你可以利用孩子喜欢故事的特点，给小孩子买一些有文字提示的图画故事书，让小孩子一边听故事一边看书，引发孩子识字的兴趣，然后认一些简单的象形字，使孩子的专注力在有趣的识字活动中得到培养。

6.让孩子明确目的

孩子对活动的目的、意义理解得越深刻，完成任务的愿望就越强烈，在活动过程中，专注力就越集中，专注力维持的时间也就越长。例如，一个平时写字总是拖拖拉拉、漫不经心的孩子，如果你许诺他认真写字，按时完成任务之后就送一件他一直想得到的礼物，他一定会静下心来，集中注意力认真地写字。在日常生活中，家长还可以训练孩子带着目的去自觉地集中注意力。如，问孩子："妈妈的衣服哪儿去了？""桌上的玩具少了没有？"或是要求孩子画一张好看的画送给妈妈做生日礼物，等等。这样有目的地引导婴幼儿从小学会关注目标，然后逐步养成围绕目标、自觉集中注意力的习惯。

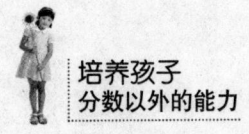
培养孩子
分数以外的能力

独立让人格更具魅力

一、父母要引导孩子体验独立

当孩子尝试独立时,他需要父母做自己的后盾,父母们需要传递一个明显的信息:"我们对你有充分的信心。如果你需要我的话,我一直在这儿。"

只要范围和程度是安全的,而且是可能的,父母要让孩子明白,自己只能在万一的情况下出现,其他事情由他自己做。

1.给予安全感

如果父母已将所有东西收拾好,只留下安全的东西在孩子的范围之内,完全可以让孩子在家中自由活动。这样不仅能帮助孩子建立独立的性格,而且可以建立其自信及帮助其智力的发展。父母的信任为孩子提供了安全感,这样在孩子对某事物突然有了兴趣时,他可以是没有后顾之忧的。

同时,父母对孩子的信任也会帮助他建立自信,他会认为自己已能对自己的事做出决定。另一方面,孩子也能更加透彻明白自己与所爱的人的关系。孩子可得到以下的讯息:我被爱及关心,并不只限于我在父母的周围的时候,我不在他们身边时,他们也能同样关心我。

2.不要伸出援手

同时,父母必须明白孩子会必经一个矛盾的阶段。当他18个月大的时候又遇到某些困难时，他自然地会向你求助，但父母们却并不是每次都能像他想象般解决问题，这往往使他感到沮丧。

所以，父母的帮助或许会再次成为孩子沮丧的根源。但父母仍然要提供支持，要让他明白爸爸妈妈并非万能，也有办不到的事情。

要让孩子明白世界上没有万能的人和事，父母和他自己也一样，因此失败是生活中的常事，失败不可怕，可怕的是重复失败。例如，当你的孩子因为洋娃娃掉了一只手臂而向你求助时，你可以说："我非常伤心，我也知道你非常难过，但有时东西破了便无法补救。"

二、让孩子独自去旅行

让孩子独自去旅行，在培养独立性上，确实是一个很好的办法。当孩子差不多上小学时，父母不妨利用春节或暑假，让孩子独自一人到亲戚家旅行，看看一人旅行的效果如何。不过，这种方法并不见得一定要"大费周章"，在我们的日常生活中，有很多做法的作用也和"一人旅行"相差无几。

譬如在假日外出时，可先决定一个集合场所，然后让孩子自由行动。另外，也可以在目的地解散，然后让孩子自行回家。

对于这种做法，一定有不少父母会担心孩子走失，其实在这个做法之中，真正想得到的效果便是让孩子体会到走失的感觉。

有一篇有关"孩子迷失"的报道：

> 那是一个礼拜天，事情发生在动物园里，那天记者在动物园走失儿童庇护所的帐篷下待了一整天，仔细地观察迷失儿童状态如何。最令记者感到有趣的便是：走失儿童的态度与母亲的态度两者之间的微妙关系。这种关系可以分成两大类：其一，迷失的孩子若大声地哭闹

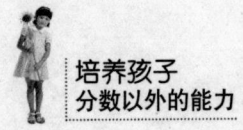

培养孩子
分数以外的能力

不已,其母亲必然仓皇失措地赶来;其二,迷失的孩子毫不在意地和其他小朋友一起玩耍,来接他的母亲必然态度从容不迫。这两种类型的不同,充分地反映出平日的亲子关系如何。

第一类型的小孩,平日一定过着一哭闹母亲就常伴左右的日子,他的父母很可能因为孩子还小,就无微不至地照顾他,形成过度保护的弊害。

第二类型的小孩,如果有自己会做的事情,或是好像会做的事情,他的父母一定不会从旁帮助,而让孩子自行处理。另外,当父母发现孩子有所挫折与失败时,也不急着去解救,他们要使孩子自己去体会失败的滋味,从而培养独立性。

这两种类型,何者较易培育出具有独立性的小孩,应是显而易见吧!后者的父母应已经"习惯"于孩子走失,这种关系若已建立,已走失的小孩当然不会把走失当成是一种恐怖的经验。所以父母们应持有不怕孩子走失的轻松态度,并且以此态度对待孩子。

有一个叫马宇歌的女孩,在她8岁时,她在500个小朋友中考了第一,成为中央电视台记者。她是一个从10岁开始,不用讲稿就可与大学生进行演讲、座谈的小学生,一个从二年级起记日记、写了40多万字的生命成长史的小女孩,一个读了300多部各类图书、可同时用双语(中英)与中外人士进行交流的女孩,一个被大家公认的全面发展的优秀学生干部。更为可贵的是,在她10岁那年,她的父亲让她一个人到外地独自旅游。不仅如此,在她14岁前,她还利用各种节假日独自走遍了祖国许多市、县、乡、村,完成了很多成人都没有完成的一项"任务"。

第四章
孩子的能力要早培养

马宇歌从小表现出众,从5岁起,她就经常在电视、广播、报刊上露面,主要是发表个人的绘画、雕刻作品,还有朗诵等。由于媒体的跟踪报道,很多人都对她非常了解,大家一致把她当作素质教育的模范典型。马宇歌10岁那年,江苏有一位女作家想要出一本以马宇歌成长经历为原型的素质教育的书,她想利用暑假专程来北京直接采访小宇歌,并且准备住在马宇歌家附近的宾馆里。马宇歌的父母听说后,为这位女作家着想,认为她为写这本书花费太大了,他们经过商量决定让小宇歌放暑假后到女作家那边去。可是当时小宇歌的父母都因工作的事情脱不开身,无法陪女儿外出,最后决定让小宇歌自己一个人去。这件事就成为了他们让小宇歌独自远行的契机。父母都相信小宇歌的能力,他们在女儿小时候就注重她的身体锻炼和生活自理能力的培养。当时小宇歌正上小学四年级,她从小魄力大,加之"初生牛犊不怕虎",听说父母同意她独自一人去江南,高兴得不得了。

可是毕竟是第一次让小孩独自出去,父母的心情是非常复杂的。他们对小宇歌反复叮嘱,路上遇到什么情况应如何应付。爸爸把小宇歌送到火车站后对她说:"宇歌啊,你这次去,如果遇上意外,那就是咱俩最后一面了。独自行走、外出的意义,我们都知道,我就不重复了。如果现在你害怕了,不能做勇敢的人,就说。列车一开,就来不及了。"

小宇歌却勇气十足地说:"爸爸,我都明白。我要做一个勇敢的人。我不后悔。"停了一下,她又笑着说:"你们别担心,我一定会如期到达、如期回来的。"

当火车开动的时候,小宇歌的爸爸在月台上挥手送别,但却情不自禁地掉下泪来,怕女儿看到,只好先转过身去。爸爸在想:"这可是真的单

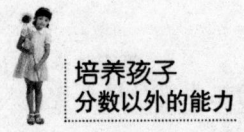

**培养孩子
分数以外的能力**

独放飞了。说不定，一个好女儿从此就再也见不着了！"

马宇歌的爸爸后来回忆起当时的情景时，说："当时只要一念之差，心肠稍一软，就是另外一个结果了。也许现在宇歌还没进行第一次独自远行呢。"

小宇歌第一次远行时就只带了老师留的暑假作业、几本课外书、一些文具、一本日记本、一些零用钱、几种常用药品、一双白球鞋、一套换洗衣裳，还有一个装满白开水的大可乐瓶子和4个小蛋糕。妈妈在她穿的小裤衩里缝了一个小袋，里面放了两百元钱、学生证明，还有一张纸——用钢笔和铅笔，两面记载了爸爸在南方一些朋友的联系电话等，这是为了以防万一。

小宇歌的第一次远行获得了圆满成功。此行一共费时28天，在没有父母亲人的陪同下，南京之行结束后，她还应邀去了江苏的南通、启东、吕器，安徽的淮南淮北，最后又回到江苏，从徐州回到北京。回到北京后，父母看到小宇歌身体比原来还棒，沿途什么病也没生，只用了点儿清凉油，是蚊虫叮咬时用的。暑假作业和他们给她留的自习英语、数学全做了；日记一天不落，而且每天坚持自我锻炼——长跑和做眼保健操；拍了4本相片，画了不少素描；看完了41万字的《红岩》，还写了读后感。看到小宇歌甜甜的微笑，父母也感到无比欣慰和自豪。

此后，小宇歌给自己做了一个大致的计划，就是到14岁把祖国各地有代表性的地方，都能走一遍。因此，她去了不少地方，其中既有大城市，如南京、广州、西安、深圳等地，也有较贫困的西部地区，如甘肃的湟中县等。有的是革命圣地，如延安、井冈山；有的是从了解地形地貌角度考虑的，如东北的某些地方；有的是沿海地区，如海

第四章
孩子的能力要早培养

南。她还去了西藏。大到城市，小到村落，上到蓝天，下入深海，包括一些少数民族地区和陆军、海军部队等。

通过到各地旅游，小宇歌长了不少见识，交了不少朋友，学到了不少少数民族的礼仪，如藏族的礼节、蒙古族礼节等。同时，她也对人们的生活、社会有了较完整的认识。她到过繁华的大都市，也去过贫穷落后的地区，这对她很有启发性和比较性。她第一次外出到南京，坐的是硬座车厢。这让她看到生活的另一面，看到那些为了生活奔波的人的真实生活。2000年寒假马宇歌到井冈山去。在车上，她带的茶叶蛋比较多，吃不了会变坏的。她就把多余的茶叶蛋卖了。车站上有两个小孩，一个妹妹，一个哥哥。哥哥残疾卧地不起，没东西吃，眼巴巴地看着宇歌。宇歌就把没卖的茶叶蛋送给他们，还把卖茶叶蛋的钱给他们。她在日记与回来写的作文里提到这事，写她当时"心如刀绞"，为自己不能彻底帮他们感到难过，也为自己有好生活感到欣慰，从而更加珍惜自己现在所拥有的一切。如果没有这样的生活经历，一个人是很难体会到这些的。

通过到各地游历，小宇歌积累了不少生活经验，大大提高了她的处事应变能力。她到各地去，有些时候也并不是一帆风顺的，比如她到一些地方去，接站的人却没接到她。一次，她去包头，到站时是晚上十点多，接站的人走岔了。她在站里等，结果没人来，后来站里都撵人了。当时天下着瓢泼大雨，她就想打电话，但站里的人不让打，她就拿出带的桃，对站里的人说："叔叔，你吃桃吧。"那人说"不吃。"她说："好，那我把它扔掉。"说着，就把桃做扔掉状。那人见状，说："那给我吧。"然后她乘机要求打电话，就联系上了接站的人。

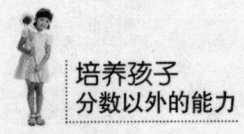

培养孩子
分数以外的能力

对于让女儿小小年纪就开始独自远行的意义,马宇歌的爸爸说:"独立行走的生命才是最有生命力的。让每个立志有为的孩子都本着学习、锻炼自己的目的,有准备地到大千社会中得到洗礼吧。越早越好,反正迟早总要有放飞这一天的,太晚会让他飞不起来。"

审美可以提高孩子的内涵

一、引导孩子欣赏生活中的美

孩子长到了四五岁就具有了一定的欣赏能力,但欣赏水平的提高是需要成人来引导的。在成人的正确引导下来欣赏,各种艺术作品、内容丰富的图片、漂亮的玩具、自然景观、环境、节日前的布置以及街头景色等,会让孩子在欣赏之中获得丰富的联想,会使欣赏能力和创造水平得到提高。

到底给孩子欣赏些什么好呢?大概有这几个方面:

1. 自然景色

我国的自然风景是非常宜人的,四季风光、湖光山色,充满着浓郁的诗情画意。我们一定要多让孩子到自然中去欣赏自然的美,去发掘美的存在。

在城市,可带孩子去公园,根据四季变化去"找"四季的不同景色,观察早晨日出和晚上日落时云霞的变幻,观察天空和白云的变化。

在农村,可带孩子去田野散步,走一走乡间的小道,走一走田畦、垅堤,饲养小动物,培养孩子的爱心。

欣赏大自然,参观大自然,可以使幼儿增长知识,陶冶性情,也为他们从小热爱自然科学，热爱祖国，打下良好的基础。

2.多看图书、图片

成人可以选择一些情节生动、艺术手法不同、典型的儿童读物给孩子欣赏。如《米老鼠与唐老鸭》《白雪公主》《西游记》，都是孩子所喜欢的作品。

丰富多彩、各式各样的图片，也是供孩子们欣赏的好教材。如：中国古代建筑图片，故宫、北海、天坛等，其不仅有助于孩子了解我国悠久的历史，同时能帮孩子认识古代建筑的特征。它们特有的颜色、形状，很容易吸引孩子的注意力，便于孩子观察，获得知识，提高美的欣赏能力。

还有一些内容丰富的国画、水粉画、漫画、情节画、故事连环画等，都可供孩子欣赏。

3.参观玩具

大型毛绒玩具、各种声响玩具，五颜六色的积木、各民族的布娃娃，电动玩具等，都是值得孩子欣赏的物品。许多玩具造型生动活泼，既供孩子玩耍，又供孩子欣赏，使幼儿百看不腻、百玩不厌。

4.美丽的服装、装饰

服装是人人都穿的，孩子也不例外。花样繁多的服装，非常美丽。孩子虽小，但有了初步的鉴赏能力，有的喜欢颜色漂亮的，有的喜欢服装上绣有小动物图案的；在颜色的选择上，有的孩子喜欢蓝色，有的孩子喜欢红色，都各有不同的欣赏倾向，不同的爱好。

头饰也是一样，特别是现在，市场繁荣，各种各样的头饰五彩缤纷，琳琅满目，都让人爱不释手。孩子通过看和比较，在选择中获得了美的感受，美的熏陶，提高了自己对事物的鉴赏能力。

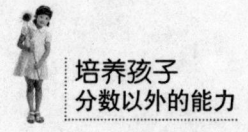

5.美术作品

可欣赏的内容多种多样,同年龄儿童的作品、中学生的好作品、外国儿童的美术作品等,可以从多种角度,让孩子尽情地去看,去讲。

二、引导孩子认识心灵美

每个人的容貌都不一样,有的漂亮,有的一般。漂亮的容貌给人以愉悦的感觉,但它仅仅只是美的一个方面。比如一个容貌漂亮的姑娘,如果不懂得尊敬老人、孝敬父母,文化教养差,我们就不会觉得她美。

我们追求美丽的容貌,更要崇尚美丽的心灵。

"交响乐之父"贝多芬是一位伟大的音乐家。每当提起他,人们常常想起的是他动人的乐曲和他与命运抗争的坚韧顽强的精神。但是谁也没注意到贝多芬竟是一个矮个子、大脑袋、扁鼻子、脸上还有几粒麻子的人。

历史上许多名垂青史的人如岳飞等,我们现在根本就无法知道他们的容貌如何。但是,他们的爱国主义情怀和为国家民族利益而勇于牺牲的精神一直以来都是我们学习的榜样。

由此可见,心灵美是容貌美根本不能比的。

心灵美是人所特有的一种内在精神美。它是一个人的思想、性格、道德情操、理想和文化修养等的全面表现,它影响一个人的言谈举止、衣着打扮和性格等。与外在美相比,心灵美所形成的美感要更强烈、更持久、更深刻,因而可以在人的精神上形成一种推动力。

心灵美的表现形式是多种多样的。心灵美虽然不如外在美那么一目了然,但是,一个人在生活中的言谈举止和衣着打扮却能够反映出他在各方面的修养。也就是说,只有美的心灵才能有美的言谈举止。

语言是心灵的窗户,从中我们可以窥测到一个人的道德、修养和情操。

同时语言又是交际的工具,它可以使我们得到尊重,也可以使我们失去友谊。

在《说岳全传》中有这样一个小情节:

> 牛皋骑在马上向两位老者问路:"呔!老头儿,爷问你,小校场往哪里去的?"
>
> 而岳飞截然不同,他见到老者,先是下马,然后上前施礼,问道:"不敢动问老丈,方才可曾见到一个黑大汉,坐一匹黑马,往哪条路上去的?望乞指示!"

两种完全不同的态度得到的反应是截然不同的,反映出岳飞与牛皋的两种不同的修养。在素不相识的情况下,"会说话"的人,往往容易博得别人的好感。而"不会说话"的人,则会令人反感和厌恶。

所谓风度,简单地说,就是人的言谈、举止、态度、气质所表现出来的美,这些都是在待人接物的过程中表现出来的。每一个人都希望自己风度翩翩,青少年更是如此。在生活中,有的人潇洒,有的人稳重,有的人敏捷,有的人文静,有的人诙谐幽默。人们讲究风度,把它看成美的一种象征。

一个人,纵有好的容貌,但不一定有风度。相反,容貌差一点儿,却不一定没有风度、气质。曹操个子比较矮小,所以,在匈奴使者来拜见的时候,他让崔琰冒充自己,曹操则立刀扮成身边的卫士。接见之后,曹操派人探听使者的反应。使者说:"魏王雅望非常,其床头提刀人,乃英雄也。"可见,身材、相貌、服装等并不能掩饰一个人的风度。

坚毅的性格也是一种有风度的表现。日本影星高仓健扮演的众多银幕形象,都给人一种刚强坚毅的深沉美。他坚忍不拔的毅力、坚定不移的信

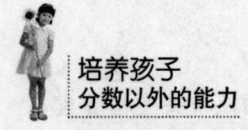

心，给人以强烈的震撼。

风度也与衣着打扮有关。衣衫不整、蓬头垢面的外表，会给人一种不尊重他人的印象，这样的人同样也得不到别人的尊重，更谈不上什么风度。

风度与人的职业和年龄有关。外交家有外交家的风度，教授有学者风度，指挥若定的将军人称有大将风度，年纪大的人有长者风度。"观棋不语真君子，落子无悔大丈夫。"不仅是棋手要讲风度，连观众也要讲风度。同样，青少年、儿童也应该有自己独特的风度：开朗的性格、朴素大方的打扮、文明的语言、勤奋好学的精神。

让心灵的美好在成才之路上助孩子们一臂之力吧。

第五章 好习惯成就好未来

萧伯纳曾经说过:"我年轻时注意到,我每做十件事有九件不成功,于是我就十倍地努力干下去。"只要细心观察,不难发现在生话中有这样两种人:一种人遇到困难非常轻易地选择放弃,于是久而久之放弃就成了一种习惯,成为一种消极的人生态度;一种人遇到困难而是毫不犹豫地选择坚持,于是久而久之坚持就成了一种习惯,成为一种积极的人生态度。当坚持成为习惯,你会发现收获了很多。

寸金难买寸光阴

惜时是高效的前提，只有懂得珍惜时间的孩子，才能提高自己的学习效率，进而让自己变得更加优秀。时间就是生命，要想让人生过得充实，就要好好对待它，把握生命中的每一分每一秒。"一寸光阴一寸金，寸金难买寸光阴。"这句格言出自于《增广贤文》，意思是：一寸光阴就像一寸金子那样宝贵，而一寸金子却无法买回一寸光阴。这告诉我们时光飞逝，再多的金钱也买不回一分钟，在生活中要惜时如金。

一、和时间赛跑

珍惜时间是提高效率的前提，先让我们来看一个案例：

冉冉是北京市的一名小学生。她喜欢下棋，2005年1月，在第四届"全国青少年棋院棋类比赛"中，她获得了国际象棋女子10岁组冠军。她还喜欢绘画，2005年5月，在"北京市青少年迎奥运绘画比赛"中，她的绘画作品被选中，成为"迎奥运画册"中的一幅。她的学习成绩也非常突出，是"年级学习标兵"。那么，冉冉是如何做到学习、下棋、绘画三不误的呢？每天的课余时间很有限，她又是怎样安排的呢？原来，为了有更多的时间下棋和绘画，为了有效地利用时间，抓紧一分一秒的时间，每天上学的路上，冉冉会背棋谱，放学的路上则背英语单词。在她井井有条的安排下，她的生活变得丰富多

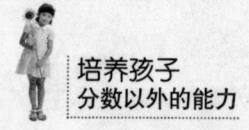

培养孩子
分数以外的能力

彩,下棋、画画、弹琴、游戏、健身,她样样都不缺。

在别人看来如此之多的活动,在她看来就像是手中的棋子,被她一一摆在棋盘中最恰当、最好的位置,发挥着最大的威力。伟大的文学家鲁迅先生认为,倘若无端地空耗别人的时间,其实无异于谋财害命。因此,鲁迅最讨厌那些成天东家跑跑,西家坐坐,说长道短的人。在他忙于工作的时候,如果有人来找他聊天或闲扯,即使是很要好的朋友,他也会毫不客气地对人家说:"唉,你又来了,就没有别的事可做吗?"

孩子年纪小,或许不懂得时间的价值,那么就让他们来看看下面这段话吧:如果你想知道0.01秒的价值,去问一问刚刚获得奥运会百米赛跑银牌的选手,这是他最后一次参加奥运会了,几十年的努力和拼搏,因为落后0.01秒,他只能与金牌擦肩而过,带着遗憾告别他的运动生涯;如果你想知道0.1秒钟的价值,去问一问刚刚躲过车祸的人,只是0.1秒的刹那间,他幸运地躲过了两车相撞的悲剧;如果你想知道一分钟的价值,去问一问刚刚错过火车的年轻人,尽管他一早就起床,慢悠悠地洗漱,打理自己,可当他出门的时候遇上了塞车,当他气喘吁吁地赶到站台时,就在一分钟前,火车刚刚出发,他或许永远错过了心爱的姑娘,因为他们约定,如果不能见面就分手;如果你想知道一天的价值,去问一问病房里即将离去的病人,他有太多的话还没有说,太多的事还没有做,如果生命可以重来,他一定会好好珍惜,然而他的生命历程只剩下最后的一天了;如果你想知道一个月的价值,可以去问刚生下早产儿的父母,别人的家长都在为新生命的诞生而欢笑,而他们的脸上却挂满了愁云,要是能再晚一个月出生该多好啊,他们的孩子因为早产生命垂危,如果晚一个月,孩子成活的概率会大大增加;如果你想知道一年的价值,去问一问刚刚留级的学生,家长含辛茹苦地供他上学，可是因为平时的散漫，他却不得不面对留级的现实，他该如何去面对辛苦的家长？如果你想知道一辈子的价值，去问一问夕阳下公园里白发苍苍的那对老人，他们一起牵手度过了幸福的一生，患难与共……正是这每一个0.01秒，每一个0.1秒，每一个一分钟，构成了我们生命中的每一天、每一月、每一年，构成了我们短暂的一生。每一分钟，都可以完成和改变很多事情，只要把握好生命中的每一分钟，也就把握好精彩的人生了。但是如果浪费掉每一分钟，这一生也就很快过去了。读完这段话，相信您的孩子一定能感受到时间的宝贵了。

二、帮孩子树立时间观念

那么，在有限的时间里，如何能够将效率最大化呢？

1.教育孩子树立时间观念

家长可以用别人珍惜时间的事例来教育孩子，从而使孩子认识到时间的价值。如爱迪生为人类贡献了一万多项发明，他为了做实验，甚至在新婚之夜忘记了新娘和前来祝贺的客人。又如，居里夫人为了节约时间，每天只在实验室里啃几片面包。通过这些事例，孩子会逐步认识到珍惜时间的重要性，逐步树立时间观念，增强时间意识，从而在学习、生活中养成珍惜时间的好习惯。

2.以身作则为孩子树立榜样

在家庭中，家长是孩子的榜样，他们通过言传身教影响孩子，而对孩子身教更重于言传。家长就是孩子的镜子，有什么样的家长就会培养出什么样的孩子。所以，身为家长，应该以身作则，注重时间观念，养成守时惜时的好习惯，为孩子树立好榜样。比如和孩子约好什么时候接他回家，什么时候去动物园都要严格履行，如果做不到，就要诚恳地向孩子道歉，

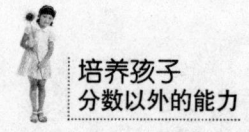

请求孩子的原谅,并采取相应的补救措施;相反,如果孩子不能履行约定,家长也要毫不留情地让孩子承担不守时而造成的后果。

3.让孩子品尝耽误时间的苦果

现在很多孩子做事磨蹭拖拉,不珍惜时间,这些毛病与家长的娇惯有很大的关系。如爱睡懒觉的孩子大多是作息时间安排不合理,早晨叫不醒。家长要改掉孩子拖拉懒散的习惯,就要适当给予惩罚,一旦孩子品尝到耽误时间的苦果,心里自然会不舒服,自然会吸取教训,今后重犯的可能性就小了。

4.教育孩子学会集中精力做事

有的孩子,做事情时三心二意,甚至边玩边干,这是最浪费时间的。家长应教育孩子,做事就是做事,玩就是玩,而且事情要一件一件地做,不可一心二用。为此,家长要指导孩子养成做事有头有尾、善始善终的习惯。

5.制订并严格执行生活作息制度

时间有一定的延续性、顺序性和失而不复性,对于6岁左右的孩子来说,掌握时间概念是一件难度较大的事情。根据心理学的研究结果,5岁之前的孩子对一天之中的三个较大时间单位(早上、中午、晚上)掌握都较差,他们对于时间的理解往往与自身的生活经验有关,比如起床刷牙的时间是早晨,看动画片的时间是晚上等。他们的时间需要一个标志性的事件来衡量,这就需要为孩子建立一个相对稳定的生活程序。因此,家长应该征求孩子的意见,和孩子一起建立一套合理的生活作息制度,并辅以相关的奖惩措施。孩子认可后,就会自觉地执行。

6.借助故事中的人物形象树立榜样

在孩子的世界中,故事占据了他们的大部分生活,几乎所有的孩子都爱听故事，因此借助故事来培养孩子的时间观念是一个很自然也很容易奏效的策略。当孩子出现不守时的状况时，可以搬出他最喜欢的人物形象："某某可不会这样哦，他是一个守时的孩子，他很希望你和他一起做守时的孩子！"只要是孩子喜欢这个角色，诸如此类的话都会对孩子产生效果。久而久之，孩子就会自觉守时了，孩子的时间观念也就相应地形成了。

把自我管理变成一种习惯

自我管理，就是指个体对自己本身，对自己的目标、思想、心理和行为等表现进行的管理，就是自己把自己组织起来，自己约束自己，自己激励自己，自己管理自己的事务，最终完成自我奋斗目标的一个过程。

一、自我管理的重要性

自我管理是每个人对自己生命运动和实践的一种自我调节。自我管理的核心思想就是自我认知、自我组织、自我激励、自我监督、自我调控、自我评价、自我意识、自我锻炼、自我反省。自我管理是使个体通过科学的方法，逐步走向自我完善和完美，从而达到自我实现、自我成就和自我超越的一门科学与艺术，也是充分调动自身心灵的自动调节功能，最大限度地激发自身潜能，更有效地发掘和实现自身最大社会价值和责任的一门科学与艺术。自我管理是一种能力，如果我们仔细观察，每一名成功者身上无不具有很强的自我管理能力——韦尔奇、艾柯卡、松下幸之助、格鲁夫、比尔·盖茨……他们都是自我管理成功的典范。他们并没有什么特别

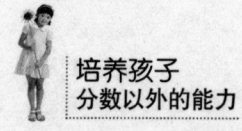

的才华，唯有一点与普通人不同，那就是他们自我管理得好。李嘉诚先生曾经在汕头大学进行的一场报告中说道："自我管理是一种静态管理，是培养理性力量的基本功，是人把知识和经验转化为能力的催化剂。"因此，从小培养孩子的自我管理能力很重要。让孩子慢慢将这种能力转变为习惯，孩子就会在不知不觉中变得优秀。

王女士的孩子上初一了，平时学习成绩不错，但在自我管理方面有些差。一到假期，王女士夫妇二人都要上班，孩子没人管，学习就肯定成问题。王女士遇到的问题很普遍，受当今课堂教学的局限性，孩子习惯了老师的"填鸭式"教学方式，一旦给孩子自由学习的空间，就让有指引方向才会走路的孩子感到无所适从。因此，培养孩子学习上的自我管理能力很重要。作为家长，要让孩子通过模仿、体验、实践、参与、合作与交流等学习方式，形成积极的学习态度，主动思考和大胆实践。提高孩子的自我管理能力，有益于培养孩子的自主学习能力，孩子将受益终生。

二、孩子的自我管理需要父母来辅助

以下是一些具体的方法，希望对培养孩子的自我管理能力有所帮助：

1. 培养孩子的责任心

责任心是自我管理能力的前提，孩子的责任心缺失很大程度上是由于家长的教养方式，这将严重影响孩子自我管理能力的养成。

2. 自己穿衣

父母要让孩子学会自己穿衣，自己叠被。自我管理的意识需要从小开始培养。两岁左右的孩子已有自己穿脱衣服的独立意识，虽然费时很长，也穿不好，但还是要不厌其烦地鼓励孩子慢慢实践，同时教给孩子正确的穿脱衣服的方法。否则依赖性一旦形成，孩子会做的事也不愿自己动手。除了鼓励孩子自己穿脱衣服，父母还可以通过言传身教使孩子逐步具有冷了添衣、热了脱衣的意识，并可以教孩子叠自己的小被褥，洗自己的小袜子等。

3.自己整理玩具物品

在自我管理中，玩具物品的收拾整理是非常重要的一环。家长可以为孩子的玩具和物品准备一个专门的放置地方，让孩子知道这些东西各有各的"家"，每次玩好用好都要送回"家"去。此外，要让孩子意识到收拾玩具是自己的事，家长只是帮忙而已，要尽可能地用游戏的方式吸引孩子参与收拾整理，并不断强化，最后让孩子养成习惯。

4.家长要做好榜样

在自我管理方面，家长的身教绝对重于言教。但这不表示家长必须完美，做到100分。其实，家长有时承认自己也有做不到的时候，对于子女来说反而是个更为坦诚的典范。孩子大了，自然看得出来家长是否对自己及子女采用双重标准，双重标准会造成子女无法接受家长的要求。如果家长愿意跟子女一起成长、共同面对挑战、共同探讨改善方法，才是最为健康的终身学习的榜样。

5.保持信心

做好家长其实是一件伟大的工程。我们都免不了犯错，有时会发现自己无意中打击了孩子的自信，甚至造成孩子养成某些不良习惯或产生不良心态。如果我们发现了这样的问题，要设法保持对孩子和对自己的信心及耐心，就像发现一棵植物的枝丫长歪了，我们可以把它扭正过来，但是一

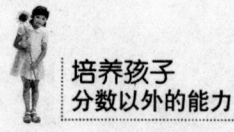

定要花时间与精力,不应该期待一蹴而就。对孩子的本质及潜力有信心,也就是在帮助他建立对自己的信心。只要他知道爱他的家长对他有信心,他就会慢慢相信自己有能力管理自己。虽然过程可能比较艰难,但是绝对不能中途灰心放弃,因为坚持的结果往往是极为甜美的。

除了坚持别无选择

萧伯纳曾经说过:"我年轻时注意到,我每做十件事有九件不成功,于是我就十倍地努力干下去。"只要细心观察,不难发现在生活中有这样两种人:一种人遇到困难非常轻易地选择放弃,于是久而久之放弃就成了一种习惯,成为一种消极的人生态度;一种人遇到困难而是毫不犹豫地选择坚持,于是久而久之坚持就成了一种习惯,成为一种积极的人生态度。当坚持成为习惯,你会发现收获了很多。

一、坚持的重要性

上大学时,很多人都有晨跑的习惯。清晨,迎着朝阳,吹着清风,听着鸟鸣,在操场上慢跑很是惬意,让人感受到生命的活力。然而,那一刻的惬意是用逼自己从暖暖的被窝里挣扎着起来换来的。刚开始锻炼的时候,有时会有找借口放弃的念头:今天太累不去了,一个人跑步太无聊了,昨天下雨了今天地还没完全干,一天不去又没关系……但是,只要能够坚持下来,你会发现跑步能带来身心的愉悦。大汗淋漓的时刻,也是最惬意的时刻。生活就犹如跑步,有时也会遇到自以为跨不过去的坎儿,觉得这次真是自己的极限了,但我们咬咬牙,坚持,坚持,再坚持,最后

第五章
好习惯成就好未来

会发现自己已安然走过了。这个时候我们会收获一份喜悦和感动。生命韧性的极限超乎我们的想象,正是有这样的经历,当日后再遇到困难的时候,我们才会有更多的信心和力量。我们就这样一步步成长起来。当刻意要求自己成为习惯,当坚持成为习惯,你会发现自己收获了很多。一个人若想获得成功,持之以恒的精神是其必不可少的一项基本素质。俗话说:世上无难事,只怕有心人。做事只有坚持不懈、持之以恒,才有可能取得成功。那些半途而废、浅尝辄止的人,缺少坚忍不拔的毅力,往往与成功无缘。

焦耳是英国物理学家,1818年12月24日生于索尔福,他的父亲是酿酒厂的厂主。焦耳从小体弱不能上学,在家跟父亲学酿酒,并利用空闲时间自学化学、物理。他很喜欢电学和磁学,对实验特别感兴趣。

一年夏天,焦耳和哥哥一起到郊外游玩。聪明好学的焦耳就是在玩耍的时候,也没有忘记做他的物理实验。他找了一匹瘸腿的马,让哥哥牵着,自己悄悄躲在马后面,用伏达电池将电流通到马身上,想看一看动物在受到电流刺激后的反应。结果,他想看到的反应出现了,马受到电击后狂跳起来,差一点儿把哥哥踢伤。

过了几天,焦耳又和哥哥划着船来到群山环绕的湖上,焦耳想在这里试一试回声有多大。他们在火枪里塞满了火药,然后扣动了扳机。谁知"砰"的一声,从枪口里喷出一条长长的火苗,烧光了焦耳的眉毛,但是焦耳并没有放在心上,继续做实验。

忽然,天空乌云密布,电闪雷鸣,焦耳发现了一个奇怪的现象:每次闪电过后好一会儿才能听见轰隆的雷声,这是什么原因呢?焦耳

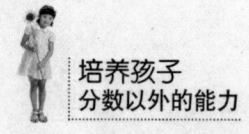

顾不得躲雨，拉着哥哥爬上一个山头，用怀表认真记录下每次闪电到雷鸣之间相隔的时间。

焦耳始终坚持着对科学现象的观察和研究，他对学习科学知识越来越入迷。通过不断的学习和认真的观察计算，他终于发现了热功当量和能量守恒定律，成为一名出色的科学家。

法国伟大的思想家伏尔泰曾经说过："要在这个世界上获得成功，就必须坚持到底。"只有经历过无数的挫折和失败，永不放弃、勇往直前，才能最终到达成功的彼岸。由此可见坚持的重要性。

二、帮孩子养成坚持的好习惯

那么，作为家长，如何培养孩子养成坚持的习惯呢？

1. 明确努力的目标

要坚持不懈地努力，首先要树立一个目标。为了培养孩子的好习惯，家长要不时帮助孩子明确目标，然后再督促孩子持续地努力以完成目标。

2. 将大的目标分解成阶段性目标

"一口吃不成一个胖子"，达到目标也是如此。很多目标是无法一下子就达到的，这时，为了减少孩子的压力和逆反心理，家长要善于将大目标分解成若干比较容易达到的小目标，将长远的目标按进行的过程分解成阶段性的目标。只有这样，孩子才能在不断达到目标的喜悦心情下，充满热情地去克服困难，坚持不懈地去努力。

3. 给孩子的任务难度要适当

任务太多太难，孩子望而生畏，就会产生对抗情绪或者干脆没做就放弃了。要帮助孩子学会克服困难，提高他们完成某项任务的信心。

4. 家长要以身作则

家长做事的态度在很大程度上影响着孩子做事的态度。一个"三天打鱼，两天晒网"的家长很难培养出有恒心的孩子。另外，家长的监督也很重要。如果家长今天要求孩子学习绘画半小时，明天、后天就不要忘记监督，否则，培养孩子的坚持性就会变成一句空话。

5. 家长对孩子提要求的语气要坚定

让孩子知道这是一件重要的事情，不可以随便对待，但也不要总在孩子身边唠叨。培养孩子的坚持性是个需要耐心教导的过程。

6. 让孩子做事善始善终

经常性的磨炼，可从小事做起，如作业要认真对待，做力所能及的家务活要认真完成等。

7. 在原则问题上决不让步

让孩子养成坚持不懈的习惯，是一项长期而艰巨的任务。在这个过程中，家长切不可一时心软就对孩子让步。有了第一次就有第二次，长此以往，所谓坚持不懈就会变成一句空话。

成功的另一半源于自律

自律，即自我约束。从大的方面说，它是一个群体思想品质的体现；从小的方面来说，它是对一个人意志力的考验。普罗图斯说过："能主宰自己灵魂的人，将是永远被称为征服者的征服者。"勃朗宁也说过："一个人一旦打响了征服自我的战斗，他便是值得称道的人。"这些都是名人眼中的自律。

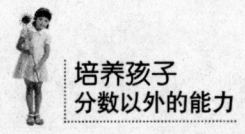
培养孩子
分数以外的能力

自律使人成功，它是成功者必备的品质之一，也是一种优秀的习惯。

一、自律的重要性

被公认为美式足球前卫接球员的最佳代表的杰瑞·莱斯，就用自律的表现获得了成功。

熟悉他的人说他是个天生的运动员，他的天赋和体能惊人，任何一位足球教练都想找到这样优异的前锋球员。获选进入美式足球名人榜的明星教练比尔·华西发出这样的赞叹："在我们所认识的人当中，没有一个能赶得上他的体能。"单是这一点还不能使他成为传奇性的人物，在他卓越成就的背后有一个真正的原因，就是他的自律能力。他勤练身体，每一天都在为克服更多困难而准备着，在职业足球界没有人能像他那样持之以恒。

莱斯自我鞭策的能力，可以从他体能训练的故事说起。当他还在高中校队的时候，每次练习之前，摩尔高中球队教练查尔斯·戴维斯都规定球员以蛙跳的方式，弹跳前进一座近40米高的山丘，来回20趟后才能休息。在密西西比炎热而潮湿的天气下，莱斯在完成第11趟之后就感到吃不消而打算放弃。当他准备偷偷地回球员休息室时，他意识到了自己行为的不妥。"不能放弃，"他对自己说，"因为一旦养成半途而废的习性，你就会把它视为正常。"他掉过头来，回到练习场上完成了他的弹跳。从那天起，他再也没有半途而废过。

位于加州圣卡洛斯的野外山径，全长约有2.5千米，莱斯每天在此锻炼体能。有一些足球明星偶尔也来参加练习，但是没有一个人能够追得上他，全被他远远抛在后头，人人对他的体力赞不绝口。其实

第五章
好习惯成就好未来

这只是莱斯固定操练的一部分而已。当赛季结束之后,其他的球员都去钓鱼或享受假期,莱斯却仍旧保持勤练的作息规律,每天从早晨7点钟开始做体能训练,一直做到中午。曾有人开玩笑说:"他的身体锻炼到高度完美的状况,连功夫明星跟他比起来都只像是个相扑选手。"

"许多人所不能了解的是,莱斯总把足球赛季看成是一年365天的挑战。"美国职业足球联盟明星凯文·史密斯这么描述他:"他的确天赋过人,然而他的努力更是凌驾于他人之上,这正是好球员与传奇性球员的分别。"

莱斯遭受过一个极为严重的运动伤害,在这之前,他已经创下连续19年比赛不缺席的纪录,这也是他高度自律的品质及超强韧力的明证。当他于1997年8月31日在球场上摔碎膝盖骨时,人们以为他的足球生命就此停住了。因为就历史纪录来看,只有一位球员,在这种伤害之后,还能在足球赛季内回到球场参加比赛,那就是罗德·伍德生,他用4个半月完成康复,创下职业球赛的历史纪录。然而莱斯却只花了3个半月就康复了,靠的就是咬紧牙关的坚毅决心以及令人难以置信的自律。这种恢复的速度令世人大开眼界,可说是前所未有的。莱斯因此得以再次回到球场上继续创造佳绩,并为球队赢得了胜利。

杰瑞·莱斯证明了自律所具有的强大力量。没有人可以在缺少它的情况下获得成功并保持成功。我们甚至可以说,无论一个人有多么过人的天赋,若不运用自律,就绝不可能把自己的潜能发挥到极致。自律促使他们逐步攀向高峰。可见,自律对于一个人的成功是多么重要,这也说明了为

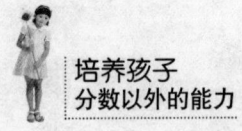

什么很多家长从小就着重培养孩子自律的品格。

二、帮孩子培养自律的能力

家长应如何培养孩子的自律习惯呢?下面简要介绍几种方法:

1. 讲讲规则的用处

让孩子了解规则无处不在,一定的规则能保证人们更好地生活。例如,人们要遵守交通规则、游戏规则、竞赛规则。家长可以时常反问孩子,如果不遵守规则会怎样?让孩子设想违规的后果,引起他对规则的重视。

2. 制订家规为孩子的行为定界限

制订家规是训练与教导孩子的过程,并能协助孩子适应家庭以外的世界。在严格的家规中成长起来的孩子,长大后会比那些随心所欲、行动自由的孩子更能适应社会,更有自尊心,而且更明白单靠他们的能力,很多事情是无法应付的。每个家庭都有自己的特点,所以家与家的规矩可能是不同的,但家规的关键在于你能在必要时决定是应该坚持执行纪律还是通融了事。家规可包括:遵守日常作息时间、清洁卫生、礼貌待人、生活自理、诚实、自律。家规已定,不能朝令夕改,要让孩子逐步执行,家长在执行家规时要协调一致。孩子违反家规,要有必要的惩罚;孩子做得好,要夸奖,别吝惜一句赞扬的话,它胜过丰厚的物质奖励。

3. 教孩子养成遵守规则的习惯

有了规定,就要严格按照规定去做。国有国法,家有家规。比如在家用完物品后要归回原处,离家出门要和家人打招呼,按一定的时间作息(定时就餐、睡觉、起床)等。

4.用孩子可以接受的方式让孩子明白自律的重要性

学会自律，是自制力的第一道防线。用孩子能够接受的方式让他们懂得自律的重要性，比如给孩子讲解具体的事例，用邻居的孩子或班里的优秀同学举例，或者是名人的自律故事等，让孩子清楚自律的重要性。

5.训练孩子有计划地安排自己的事情

古人有语"预则立，不预则废"，由此可见，从小培养孩子做事的计划性，对孩子自律品格的形成是非常重要的。

6.培养自律精神

他人制订的规则是强加的，属外力约束，而自己制订的规则有内省成分，易于自律。家长不妨和孩子一起商量制订家庭规则，以便共同遵守，培养内在的自律精神。例如，进别人房间前要先敲门；下棋、玩游戏要按规则决定胜负；说错话或做错事时要礼貌道歉；看电视时不要干扰别人等。家长违规也要自觉受罚，以便让孩子懂得规则的严肃性。

自强是孩子成长的主旋律

如果说努力拼搏是走向成功的道路，那么自强就是走向成功的捷径。想要成功，自强必不可少。然而，要想让孩子自强，家长就需要让孩子在生活中细心品味，品味生活的乐趣，品味生活的美好。自强，就是成功的捷径。要想做到这一点并不困难，只需让孩子从生活中的细微小事做起，自己的事情自己做。有一句俗语："滴自己的汗，吃自己的饭，自己的事情自己干，靠人靠天靠祖上，不算是好汉。"这里说的也就是要学会自强。

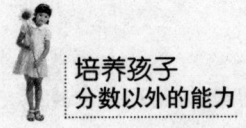

培养孩子
分数以外的能力

一、自强的重要性

有一个人,他的家庭曾经十分富有,父亲是个大庄园主。但在他7岁时,自己的祖国发生变故,全家逃到了美国的迈阿密。为了在异国他乡生存下来,他在15岁时跟随父亲打工。尽管生活很苦,但他始终听从父亲的教导:无论遇到什么事,要自强,要心善。他做过服务生,干过推销员兼汽车司机。由于他勤快、好学,而且不计报酬,老板就把他引荐到更好的公司。从此,他步步高升,最终成为美国商务部部长,他就是卡罗斯·古铁雷斯。卡罗斯·古铁雷斯的命运非常坎坷,但他牢记父亲的教导,用自己的双手创建了自己的世界。他不一定很聪明,不一定很有商业头脑,但他自立自强,以善待人,最终取得了成功。生活对于7岁的他是否定的"NO",但对于现在的他是肯定的"Yes"。

自强是成功的捷径,是孩子成长的主旋律。因此,成长中的青少年一定要学会自强,做生活的强者,以乐观的心态去面对人生。

肖少钟是潮州庵埠人,2000年在汕头就读某技工学校,在一次坐同学摩托车外出时,与一辆"大东风"汽车相撞,当场昏迷过去。在医院救治十多天后,肖少钟才苏醒过来。此时他的下半身已全部失去了知觉,大小便无法自理。回到庵埠老家后,家长面对飞来的横祸,终日以泪洗面。然而,自幼就十分懂事的肖少钟在家长面前却表现出超乎年龄的成熟。他告诉自己:家里穷,不能让自己成为一个必须依

第五章 好习惯成就好未来

靠家长生存的废人。他开始重新考虑自己未来的生活之路。

2000年底，肖少钟的哥哥给他买了一台电脑。从此，上网看文章成为肖少钟的最大乐趣。"我自己也要办一个网站"，萌发办网站念头的肖少钟开始自学电脑基础知识，自学网页制作，并逐渐从个人主页发展到专业网站制作。后来，他熟练掌握了各种脚本语言并能熟练使用多种绘图软件。又过了两年，肖少钟学会编程及数据库的开发。2002年，肖少钟终于建立了一个论坛网站——蓝色河畔。他的网站以爱心做支撑，开设学校论坛、网上购物等板块，为残疾朋友点起了一盏心灵的明灯，引导并照亮了他们的人生旅途。

培养孩子的自强精神，等于为孩子未来的成功打下了基础。古人云：人生不如意事十有八九。的确，人的一生不可能一帆风顺，或多或少会遇到挫折、困难。旅途茫茫，靠的是自己去努力拼搏、奋斗、进取和把握。然而，遗憾的是，随着生活水平的提高，一些家长对子女娇生惯养，百依百顺，怕孩子受苦受累，没有培养孩子的吃苦精神和坚强意志。这些处在"温室"里的"幼苗"不知天高地厚，不了解人情世事，没有学会自立自强，最终只会大手大脚地花家长的血汗钱，毫不吝惜。这些娇生惯养的孩子，一旦脱离"温室"，怎么能经得起人生风雨的考验，怎能克服前进中的困难与挫折？

在齐齐哈尔市全福小学的校园中，有一名挂着双拐的小男孩。虽然他身患残疾，可在同学的眼中，他是一名令人敬佩的好学生。他叫丁冠中，从小得了胫骨假关节。小冠中4周岁时，家长带他南下求医，在上海市第六医院，医生从小冠中的右腿中取出腓骨移植到左腿

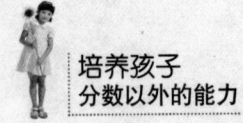

上，使骨质再生。手术持续了8个多小时，接骨手术后的疼痛是常人难以忍受的，可小冠中没哭一声，没流一滴眼泪，始终紧紧地咬着嘴唇，疼得实在无法忍受了，就慢慢地、轻轻地扭动着身子。夜深了，他望着守在床前的爸爸说："爸爸，你去睡一会儿吧，我没事。"邻床的病友听到孩子用稚嫩的声音说出如此懂事的话，都感动得流下了热泪。半个月后拆线，他牙关紧咬，一声不吭，连医生都钦佩地说："从没见过这么坚强的孩子。"然而，第一次手术没有成功，紧接着第二次、第三次、第四次手术也均以失败告终。这样，3年时间里，小冠中先后接受了四次大手术，一共缝了一百多针，身上再也没有可以取骨的地方。

快上学了，爸爸买来双拐，让他练习走路。摔倒了，他就马上爬起来，一遍又一遍地练习，没过几天，他就能架着双拐走路了。他高兴地说："我可以和小朋友们一起玩了。"虽然行动不便，但却丝毫没影响小冠中对知识的渴求，他的学习成绩在班级里一直名列前茅，一年级上学期考试，语文、数学均获得满分。后来，他还获得了"五好少年"荣誉称号。

如果把成功比作大厦，那么顽强的意志、坚韧不拔的毅力，就是支撑起成功的柱石。只有自强的人，才可能有坚强的意志与毅力，才可能取得成功。因此，家长要从小培养孩子面对挑战、克服困难、坚韧不拔的顽强毅力，培养孩子的自强意识。这些对孩子的成长有着重要的意义。

二、帮孩子培养自强的好习惯

那么，家长应该如何培养孩子自强的习惯呢？

1.帮助孩子树立奋斗目标

没目标就没有奔头。每个孩子情况不同,目标要切合实际,不能定得太高,让孩子能"跳一跳,够得着"。如果定得太高,总也达不到,孩子会失去信心。对于问题较多的孩子,目标要具体,内容要少一点儿,不能一下子贪多,多了达不到就更难建立自信。孩子每达到一个小的目标,家长及时肯定,孩子就会增加一点儿自信,增加一点儿自强精神。

2.尊重孩子

家长要把孩子当作一个独立的人来看,了解孩子,观察他的愿望、兴趣,不要因为孩子小能力弱,就包办代替。

3.帮助孩子成功

每个孩子都有成就动机,问题再多的孩子,也渴望有成功的机会,能品尝成功的喜悦。当帮助孩子列出具体奋斗目标时,家长必须有达到目标的具体措施,比如可行的学习计划、劳动计划、具体内容要求、检查办法等。家长要有自己明确的任务和责任。在孩子追求成功的过程中,遇到困难最需要支持、鼓励和具体帮助,这是培养自强精神的关键。

4.让孩子多参加集体活动

可组织孩子开展自我服务、为集体服务的劳动等,在这些活动中,孩子行为的坚持性、克服困难的能力、耐心等品质可得到培养。久而久之,就可磨炼出较高的意志水平,养成自强的品格。

5.变责备为激励

缺乏自强精神的孩子,越责备越没信心,严重的会自暴自弃。家长要转换思维方式,从寻找孩子的缺点变为寻找孩子的优点,从否定评价变为肯定评价,从责备变为激励。常用的语言是:"这次干得不错""有进步,我很高兴""好样的,再努一把力会更好""你真行""好棒,该庆

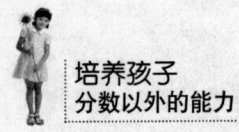

祝一下""知错就改，挺好""别泄气，失败是成功之母""有什么困难，咱们一起想想办法"……

6. 多给孩子自主机会

不管是在生活中，还是在学习上，凡是应该孩子自己做的，家长就不要越俎代庖。家长应该坚持这样的原则：你能干的，我绝不替你干；你不会干的，我教你干；你让我干的，我要考虑该不该干。如果家长包办代替，孩子就会产生依赖性。依赖是自强的大敌。有的家长认为在生活方面多替孩子服务，让孩子把时间用在学习上会有好处。其实不然，生活上的依赖会干扰、阻碍学习上自强精神的形成。有自强精神的孩子，生活上也不依赖家长。

7. 教育孩子正确对待挫折

孩子在成长过程中，必然会经历各种考验，要教育孩子在遇到挫折时，不灰心，不丧气，总结教训，振奋精神，继续前进。这是培养自强精神的重要时机，让孩子从小懂得"人生无坦途""要有大无畏的精神和勇气"。

8. 让孩子养成自己的事自己做的习惯

孩子都渴望能像家长那样，处理自己的事务，管理好自己。因此，营造民主的家庭气氛有利于孩子独立性的培养。家长还应支持孩子正当的活动，如，当孩子按自己的方式布置自己的房间，和同学一起踢球，参加科技小组等时，其主动性和自主性也能得到提高。如果家长过分担心和怀疑孩子的能力，禁止或限制孩子的这些活动，就会打击孩子的积极性。

第五章
好习惯成就好未来

独立思考让孩子早成大器

学会独立思考，让独立思考成为一种习惯，一个人就能够客观地看待问题、分析问题、得出自己的结论。也许答案并不一定正确，但是经过深思熟虑之后得出的答案，比起那些人云亦云者要强得多。独立思考对于孩子极其重要，它能让人找到前进的方向，遇到问题不盲目求助，而是通过独立的分析思考得出自己的结论，从而找到解决问题的方法。

一、独立思考的重要性

一间教室中坐满了十岁的学生，他们被要求去试着解决孩子上学途中穿越街道所遇到的问题。孩子们回答了各种在其他方面成功应用的方法，诸如交通缓解设施、天桥、荧光色的夹克以及对汽车限速等。这些观点是很寻常，也是老师希望听见的。只有一个人例外，这个学生建议学校董事会卖掉学校，并且建立在线移动学校。这显然不是老师所期待的。这个观点可能不实际，不常见，甚至不可行，但它是这名学生独立思考的结果。爱因斯坦说："学会独立思考和独立判断比获得知识更重要。不下决心培养思考习惯的人，将会失去生活的最大乐趣。"

爱因斯坦非常重视培养孩子勤于思考的习惯。他晚年住在美国普林斯顿一所简朴的木板房子里。邻居有个十一二岁的小女孩，放学后，时常来看望这位白发苍苍的科学家。爱因斯坦也喜欢经常检查

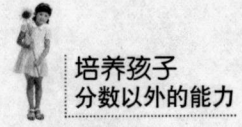

**培养孩子
分数以外的能力**

她的功课和作业。有一次，孩子拉着他的手亲昵地问："爱因斯坦爷爷，这道题怎么做？"爱因斯坦和蔼地说："孩子，要学会思考，不要一碰到困难就向别人伸手。"有时，爱因斯坦会对小女孩稍加启发地说："我给你指个方向，不过，答案还得用你的头脑去找！"

原来，爱因斯坦自己在少年时候就是个爱思考问题的孩子。他在14岁时，能够自学几何和微积分，在自学中一旦遇到困难，总是细心琢磨，反复思考，直到实在算不出来时才向别人请教："给我指个方向吧！"但是不等人家开口，他就提出要求说："不要把答案全部告诉我，留着让我思考！"后来，他成为了一位杰出的科学家。当人们赞誉他对人类做出巨大贡献时，爱因斯坦笑着说："学习知识要善于思考，思考，再思考。我就是靠这个方法成为科学家的。"

有一则寓言故事，同样说明独立思考的重要性。

有头熊自觉头脑不够灵活，便找到狐狸，对它说："狐狸，听说你的脑袋是出了名地好使，那么你想办法让我的脑子也变得更有想象力吧。"狐狸打算戏弄熊一番，回答说："我不敢肯定，但可以试一试。"

它们来到田边，狐狸对熊说："看到田里的禾苗了吗？有种魔法，如果你去让它们长快一点儿，对你可是大有裨益的。"熊于是兴冲冲跑到田里，照狐狸的话把它们拔出一点儿。

接着，它们来到河边，狐狸指着水下的砾石说："注意到没有，那便是著名的智慧种子，如果你能让它们生根发芽，你将受益无穷。"于是熊趟进水里，捞起石块，拿到河边深深掩埋。

"要到什么时候，"熊迫不及待地问，"这些魔法才能产生效力?"

"不久,"狐狸回答说,"只要拔出的禾苗长出稻穗,埋下的石头能够开花结果,你就是森林里最聪明的动物了。"

熊对此深信不疑,从此,它每天都要跑去看禾苗与石头的长势。

寓言中的熊缺乏独立思考的能力,因而被狐狸耍得团团转。没有独立思考的能力,很难在竞争激烈的现代社会中获得成功。若想成就一番事业,首先要具备独立思考的能力。所以,家长应该从小培养孩子养成独立思考的习惯。

二、帮孩子培养独立思考的能力

1.鼓励孩子发表自己的意见

孩子在任何情况下都应当被允许表达意见,不仅仅是谈可接受的、安全的话题,还要允许讨论、争论。这对孩子思考能力的发展是至关重要的因素。生活中,有些孩子往往不敢发表自己的意见,因此父母要鼓励孩子敢于发表自己的看法。在孩子发表自己的意见时,即使孩子说错了,家长也不要责怪孩子,要从另一个角度肯定孩子,然后给予孩子正确解决问题的提示。对于孩子的正确意见,父母要肯定、表扬,让孩子增强发表意见的信心。孩子受到了鼓励,以后就会积极主动地去进行思考了,这样也就达到了父母培养孩子思维能力的目的。

2.保护孩子的好奇心

保护孩子的好奇心是引导孩子学会思考的基础。好奇心是孩子的天性,是孩子求知欲望的反映,也是孩子智慧火花的迸发。并且,孩子的学习兴趣往往是和好奇心联系在一起的。独立思考能力强的孩子,往往具有

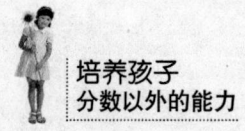

较强的好奇心。父母应该尊重孩子的好奇心,千万不要因为孩子提的问题过于幼稚而加以嘲笑,以免伤害孩子的自尊心。好奇心是促使孩子去探索和思考的动力。

作为家长,不仅要尊重、保护和正确引导孩子的好奇心,而且应努力激发孩子的好奇心,使孩子幼稚的好奇心发展为强烈的求知欲。对孩子提出的问题,家长要确切、通俗易懂、有条理地给以答复。这对培养孩子的想象力、思维能力有很大的帮助,使孩子强烈的求知欲和好奇心不至于泯灭,从小就能养成勤于思考、勇于探索的好习惯。

3. 给孩子创造思考的情境

父母向孩子提问,可以为孩子创造一个思考的情境,这样孩子就能在这种思考的情境中学会思考了。父母不妨与孩子一起逛博物馆、动物园、科技馆,和孩子一起阅读或看电视,然后问孩子看到了什么,听到了什么。父母在与孩子相处和交谈中,要经常以商量的口气进行讨论式的协商,留给孩子自己思考的余地,要给孩子提出自己想法的机会。父母可根据交谈内容经常发问,如:"这两者有什么关系""你觉得怎么做会更好""你的想法有什么根据"等问题,以引起孩子的思考。

4. 引导孩子自己找到答案

让孩子学会思考是家长的责任。在生活中,孩子遇上难题时,一般都会向父母求助,父母常常不假思索就把完整的答案告诉孩子。慢慢地,当孩子再遇上自己不懂的题目时,自己也不愿意思考,就指望父母直接给出正确的答案。要知道,每个孩子都有一定的独立思考的能力,当孩子向父母求助时,父母首先要鼓励孩子认真思考一下。当孩子真的想不出来的时候,父母再逐步提示,引导孩子思考。在提示后,父母要给孩子足够的思考时间,不要因为孩子思考较慢,就不耐烦地否定孩子的答题能力,马上将答案告诉孩子。孩子答错了，可用提高性的问题帮助他们思考，启发他们自己去发现和纠正错误。

文明礼貌是一盏灯

华夏大地，礼仪之邦，祖辈们世世代代传承下来的文明礼仪，是一笔宝贵的财富，值得每一个人为之骄傲。古人云"不学礼，无以立"，就是说不懂必要的礼仪知识，就没法在社会中立足。那么，什么是礼仪呢？简单地说，礼仪就是律己、敬人的一种行为规范，是表现对他人尊重和理解的过程和手段。

一、文明礼貌的重要性

文明礼貌，不仅是个人素质、教养的体现，也是个人道德和社会公德的体现，更是城市的脸面，国家的脸面。学习礼仪不仅可以内强素质、外塑形象，更能够润滑和改善人际关系。作为具有五千年文明史的"礼仪之邦"，讲文明、用礼仪，是弘扬民族文化、展示民族精神的重要途径。文明礼貌自古以来就是中华民族的传统美德。孩子是未来的希望，一定要从小培养其讲礼貌的优秀品德，为今后更好的成长奠定基础。

早在春秋时期，我们的老祖宗就已经注意人们互相交往时的礼仪同内在品格的关系。孔子说："质胜文则野，文胜质则史。文质彬彬，然后君子。"也就是说，只是品格质朴，而不注意礼节仪表，就会显得粗野；光注意礼节仪表，却缺乏质朴的品格，就显得虚浮。

对于孩子来讲，由于年纪小，并不能完全明白以礼待人的重要性。因

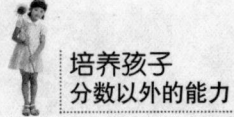

培养孩子
分数以外的能力

此,家长应该对孩子进行这方面的教育,使孩子知道,你希望别人怎样对待你,最好要先去那样对待别人。学会换位思考,设身处地为他人着想,就能明白以礼待人的意义了。

孔子说:"恭敬无礼则徒劳,谨慎无礼则畏惧。勇猛无礼则谋乱,正直无礼则绞乱。"天玄子说:"有礼的人所以示范人,所以能服人,所以能敬人,也所以能自敬。"柏拉图说:"我对待人们无礼,他们就会以耻于人加于我。"刘伯温说:"唯有礼可以限制暴怒,唯有诚可以破除奸诈。"释迦牟尼说:"讨厌人、陷害贤能的人,好像仰天吐唾沫,唾沫到不了天,还是从上坠落于自己。好像逆风扬尘,尘不至于对方,还是撒回自身。"中国人重视礼仪教育,父母要从小培养孩子以礼待人的习惯,让他们知道礼貌的重要性。现在的孩子多是独生子女,过分的溺爱以及缺乏礼仪教育,让很多孩子变得越来越不懂事,没有礼貌。有这样一个案例:

小辉今年8岁,读小学二年级,因成绩好经常得到夸奖,父母也觉得脸上有光。因为就这么一个孩子,父母很迁就他,家里"最大最红的苹果"总是小辉的。一天,父母带小辉去参加朋友举行的晚宴,别人还没有入席,小辉已经一屁股坐到正中位置,旁若无人地吆喝着服务员给他倒可乐。等到爱吃的龙虾上来时,他居然将整盘龙虾端到自己面前,就像在自己家里一样。虽然大家都说"没关系",但小辉的父母还是觉得脸上无光,难堪得要命。

小辉不懂礼貌,根源其实不在他,而是父母没有教孩子礼貌待人。父母首先要改变"学习好则百好"的教育态度。一个凡事以自我为中心、做任何事情不考虑他人、不考虑后果的孩子,将来很难在社会上立足。

可见,只有以礼待人,才能更好地发展,更好地做人。《易经》中说:"雷在天上,响声极大,句子不符合礼就不履行。"又说:"不符合礼就不看,不符合礼就不听,不符合礼就不说,不符合礼就不动。"这就需要有慎独的观点。所以,礼的本质是自内心而生发的,然后表现在外部,而又从外制、外炼而归向内正的东西。这样内外双制,使所有的道德行为,在日常生活中逐渐变成一种习惯行为,而后逐步成为一种自然的本能行为,不必勉强做作。

二、帮孩子培养文明礼貌的习惯

以礼待人很重要,那么作为家长,怎样培养孩子养成文明礼貌的好习惯呢?

1.家庭成员之间要互相打招呼

在家中,家长要告诉孩子应该主动向长辈打招呼。孩子每天早晨起床、放学回来,初次见到家长时,应该主动问候。孩子外出时,要向家长打招呼,让家长知道自己的去向;回来时,也应该打招呼,让家长知道你回来了,不必再为你担心。家长身体不适或有病痛时,孩子应问候、照顾,并及时提醒家长就医、按时吃药等。

2.家长要告诉孩子礼貌用语

俗话说:"良言一句三冬暖,恶语伤人六月寒。"可见,运用语言去同别人交往,不是一件小事。一个人的语言修养如何,往往反映了这个人的思想道德水平。因此,家长应该帮助孩子学会礼貌语言。例如,对长辈要称呼"您",而不是用"喂""老家伙",或直呼其名;当妨碍了别人时,应该表示歉意,而不应该说"活该""自找的";当请求别人帮助

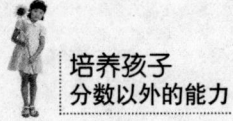

时，应用"请""劳驾"；当别人给你帮助时，要表示谢意；当别人说"谢谢您"时，要说"别客气"，不能以恩人自居；当别人向你道歉时，不能得理不饶人，而应该回答"没关系"。

3.告诉孩子如何礼貌交谈

家庭成员之间的交谈是常事，可以说是家庭生活中不可缺少的内容，这一过程也要礼貌。家长要告诉孩子，交谈时，坐姿要端正，两腿不能叉开太大或翘起"二郎腿"。与别人交谈时，家长要提前提醒孩子，不要挖鼻孔、抠耳朵、剪指甲、挠头皮、剔牙等。有客人敲门时也要赶紧应答，主动打招呼，让座倒水。长辈交谈时，要帮助孩子养成不插嘴的习惯；谈话内容不适合孩子时，家长应该要求孩子回避。当别人与自己谈话时，要看着对方，集中精力倾听，不能左顾右盼、心不在焉；自己与别人谈话时，要吐字清晰，音量要适当，有话则长，无话则短，不能随意拖延时间。谈话时，不要唾沫四溅或者哈欠不断。此外，还要学会尊重别人。让孩子知道，别人同你打招呼，不能爱理不理；自己心情不好时，不能随便拿别人出气。

倾听比诉说更重要

倾听是一种礼貌，是尊重讲话者的表现，是对讲话者的高度赞美，更是对讲话者最好的恭维。倾听能使对方喜欢你，信赖你。每个人都希望获得别人的尊重，受到别人的重视。当我们专心致志地听对方讲，努力地听，甚至是全神贯注地听时，对方会有一种被尊重和被重视的感觉，双方之间的距离就会拉近。在人际交往中，倾听比诉说更重要。生活中，最有魅力的人往往是一个倾听者，而不是滔滔不绝的人。倾听，不仅是对别人的尊重，也是对别人的一种赞美。

一、倾听的重要性

对于孩子来说，倾听是他们感知和理解语言的行为表现。倾听能力在现实生活中运用非常广泛，大到听报告、欣赏音乐，小到一句话及每个字的听和用等，日常生活中时时处处需要倾听。倾听能力的强弱直接影响孩子知识技能的接受和掌握。有些孩子的注意力容易分散，对一些要求和指令不能马上做出反应，究其原因，是我们忽视了对孩子倾听能力的培养。用心倾听别人的谈话，能够使孩子学会很多东西。在人际交往中，倾听是关心他人的一种表现，它对于家庭、事业乃至整个社会，都是不可缺少的。一个人学会倾听，就能够摆脱孤立的境地，进入友爱的人际圈。有这样一个故事：

经朋友介绍，重型汽车销售员阿伟去拜访一位曾经买过他们公司汽车的商人。见面时，阿伟照例先递上自己的名片："您好，我是重型汽车公司的销售员，我叫……"才说了不到几个字，该客户就以十分不友好的口气打断了阿伟的话，开始抱怨当初买车时的种种不愉快，例如服务态度不好、报价不实、内装及配件不实、交接车的时间等得过久等。

客户在喋喋不休地数落着阿伟的公司及当初提供服务的销售员时，阿伟静静地站在一旁，认真地倾听，一句话也不多说。终于，那位客户把以前所有的怨气都一股脑地吐光了。这时，他才发现眼前的这个销售员好像很陌生。于是，他便有点儿不好意思地对阿伟说："小伙子，贵姓啊？现在有没有好一点儿的车型，拿一份目录来我看

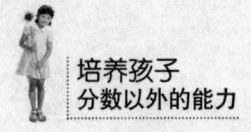

培养孩子
分数以外的能力

看,给我介绍介绍吧。"

当阿伟离开时,兴奋得几乎想跳起来,因为他手中拿着两台重型汽车的订单。从阿伟拿出商品目录到那位客户决定购买,整个过程中,阿伟说的话加起来也不超过10句。阿伟与客户交易拍板的关键,是由那位客户说出来的。他说:"我是看到你非常实在,有诚意又很尊重我,所以才买你的车的。"

可见,倾听的重要性。如果客户对阿伟发牢骚,阿伟进行辩驳,说自己不是销售给他汽车的销售员,他不应该这样埋怨自己。这样更会激发客户的反感情绪,客户很可能把阿伟赶走。而阿伟忍受着所谓的"委屈",成全了客户的牢骚。当客户发完牢骚后,发觉自己把发泄对象弄错了,态度就马上转变过来,最终让阿伟拿到订单。

二、帮孩子培养倾听的好习惯

家长要告诉孩子倾听的重要性,即使对方说话内容很多,或者由于情绪激动等原因,语言表达有些零散,也应该耐心地听完他的叙述。千万不要在别人没有表达完自己的意思时,随意地去打断别人的话语。随意插话,改变说话人的思路和话题,或者任意发表评论,都会被认为是一种没有教养或不礼貌的行为。生活中,并不是所有人都善于倾听。人往往有一种表现欲,喜欢在以自我为中心的孤僻区域讲个喋喋不休,喜欢在别人面前展示自己的优点,喜欢逞一时口舌之快,喜欢看到别人被自己说得张口结舌和不知所措的表情。于是,心高气傲的人们之间便多了一分隔阂,少了一些包容;多了一些冲动,少了一点儿理智。如果不想让自己的孩子也成为这些人中的一员,那么从小培养他们的倾听习惯是十分重要的。下面介绍几种方法：

1.培养孩子良好的倾听习惯

要发展孩子的倾听能力，必须培养孩子养成良好的倾听习惯。应该让孩子懂得在听故事、听别人讲话时尊重他人，可以自然地站着或者坐着，眼睛看着说话的人，并且不随便插嘴，安静地听他人把话说完。告诉孩子，倾听是一种礼貌。

2.利用按指令行事法发展孩子的倾听能力

好动是孩子的天性之一，也是身心发展的某个阶段的必然表现。这时，可以用按指令行事的方法来发展孩子的倾听能力。如，要求孩子听指令做相应的动作；在日常生活中交代孩子一些任务，以锻炼孩子对语言的理解能力；让孩子根据某种音乐或节奏等，一边看着大人的手势，一边来完成某些动作或相应的行为等。

3.利用听辨错误法来发展孩子的倾听能力

常发现有孩子听一件事情时，只听到开头的一点儿就听不进去了，这就说明倾听的质量不高，听得不专心和不认真。因此，应有目的地让孩子在日常生活中判断语言的对错，吸引孩子注意力。如家长可以说，"玉米棒接在地上""葡萄接在树上"等，让孩子倾听后，挑出毛病并纠正。

4.利用传话法发展孩子的倾听能力

"说"可以印证孩子是否仔细倾听，只有让孩子把听到的内容说出来，我们才知道孩子的倾听能力是否得到发展。可以给孩子听一段话或一个故事，要求孩子认真、仔细听完后回答问题。如，小蚂蚁想去哪里，汽车上坐着谁等。传话法可以训练孩子的记忆力和倾听力。倾听是一种礼貌，是对别人最好的尊敬。所以，家长不仅要培养孩子的说话能力，更要注重培养他们的倾听能力。

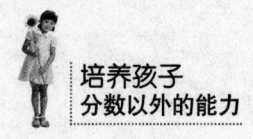

培养孩子
分数以外的能力

让理财成为一种习惯

财富是一个人成功的重要标志之一。商品经济的发展和市场体制规则的确立,为财富提供了崭新的定义,赋予了财富与以往迥然不同的内涵,也刷新了我们对财富的认识和期待。

一、孩子对财富的认识

在中国传统的教育里,孩子是不能接触钱的。这种观点已经不适应时代的发展了。培养孩子的财富观,让这种观点在孩子的大脑中形成一种习惯,这对孩子的成长有着积极的意义。今天的社会进入了商品社会,孩子不可避免地要与金钱打交道。现在的孩子都是独生子女,很多孩子都没有正确的金钱观念,因为他们可以得到任何自己想要的东西,手里永远有用不完的零花钱。

因此,他们不是认为"钱是大风刮来的",就是认为"钱是树上结的",这种思想很容易让孩子不了解父母赚钱的辛苦,养成大手大脚花钱、不懂节约的坏习惯。少儿期是孩子价值观、财富观形成的重要阶段,在这段时期,体验式的理财教育将有助于培养孩子形成正确的财富观,掌握科学的理财方式,这将使他们终生受益。在培养孩子理财意识的同时,家长更要注意以身作则,崇尚节俭,使孩子从小在勤俭节约的环境中成长。洛克菲勒家族尽管富甲天下,但从不在金钱上放任孩子。洛克菲勒家族认为富裕家庭的孩子比普通人家的孩子更容易受物质的诱惑。所以,他们对后代的要求比普通人家更加严格。

二、帮孩子树立正确的财富观

从小培养孩子的财富观，不仅可以让他们正确认识财富，增加对财富的兴趣，还可以培养理财技能。那么，如何培养孩子正确的财富观呢？

1.正确认识财富

金钱是我们生活中的一个重要部分，是孩子认识社会如何运转的一个重要方面。家长应该让孩子知道，钱不是天上掉下来的，不是树上长出来的，而是工作换来的。这样，孩子也逐渐明白了工作的价值。过去，不少家长在孩子提出金钱方面的问题时，经常难以启齿，或者顾左右而言他。其实，孩子是有足够理解力的，他们也有权利了解社会运转的机制，家长应坦然地用他们能够理解的语言解释给他们听。

2.定期定量地给孩子零用钱

家长可以和孩子约好每个月或是每周发一次零用钱，并且告诉孩子在下次发零用钱之前，不可以再要。孩子在这段时间可以自己规划自己的钱，父母可以教孩子一些小的理财知识，比如，可以把钱存起来生利息，想买喜欢的玩具就要学会零存整取。时间长了，孩子就可以养成好的花钱习惯。在此期间，家长切忌不可以因为孩子的哭闹或是撒娇再给孩子钱。

3.培养孩子记账的习惯

孩子在领到零用钱时，家长可以帮助孩子先把未来一个周期所需要的花费记录下来，额外的支出也要随后一一记录，让孩子养成记账的习惯。几个月后，家长可以根据这份资金流动表，发现孩子的消费倾向，了解他对金钱的价值观与感受，一旦发现偏差，也可以适时纠正。

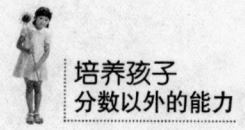

4. 培养储蓄观念

如果让孩子花钱之前想一想，过完这个周期，钱还够不够用，这样就可以逐渐让孩子养成储蓄的习惯。培养储蓄观念主要是为了避免孩子有过度消费行为，让他知道买东西还得量力而行。

5. 可以协助孩子做一些工作来赚钱

比如家长可以教孩子卖报纸、做些小手工等来赚取一些收入，让孩子体会到赚钱的不易。

6. 培养孩子的计算能力

学会了简单计算的孩子，可以帮助家长算账，比如在超市购物时，可以让孩子算算不同价格的商品哪个更划算？买一百省一百和直接打五折哪个好？既让孩子懂得节约之道，也可以锻炼孩子的计算能力。

7. 走进银行进行投资启蒙

告诉孩子银行的作用是什么，将钱放在银行里可以做什么，让孩子对银行有一个初步的认识和了解。家长还可以给孩子讲讲保险或教育储蓄的作用，这样孩子就会慢慢明白，钱不仅可以用来花，还可以用来投资。

8. 帮孩子学习计划与支配

合理地分配和使用钱，使钱的作用发挥到最大，是孩子学习理财中的重要一步。孩子由于受年龄、经验等因素所限，刚开始消费时他们难免比较任意和盲目。此时家长应给孩子解释不同商品价值的大小关系，帮助孩子制订消费计划，在孩子消费过程中和结束后，及时帮助他们总结，提出建议或告诉经验等。这样孩子不仅锻炼了理财本领，也锻炼了自主能力，丰富了生活经验。

第六章 培养孩子告别心理危机的能力

我们看到孩子们稚气的面孔流露出的烦恼和无奈，听到孩子们绝望无助的呼喊，孩子们或因沉重压力轻生自弃或视家如坟墓，不惜一切代价离家出走；或抵挡不住诱惑走上犯罪之路；或人格畸变，无法正常地学习、生活……所有这些，大都可以归咎于成长过程中的心理障碍。如果把中小学生的生活比喻成一条清澈的河水，那么，心理障碍就是河水深处涌动的黑暗旋涡。如果缺少正确的引导，这旋涡可能会造成惊人的破坏！

厌倦真的很讨厌

在课堂上，有一部分学生对学习提不起兴趣，上课时缺乏学习热情，换句话说，就是对学习有一种厌倦情绪。他们常常用一种指责的口气愤愤不平地说："烦死了！烦得要命，这节课真是无聊到了极点！"

孩子的这种厌倦情绪对学习影响很大。

首先，这种情绪会大大地削弱孩子的学习动机。学习动机是学习的动力，就像汽车的发动机一样，孩子一旦失去了学习动机，学习就变得毫无热情，毫无意义。

其次，被厌倦情绪所左右的孩子，在学习时大脑的活动处于消极状态，不仅思维速度慢，思想经常开小差，而且也不会准确深刻地理解所学的内容，这对智力和能力的发展是非常不利的。

再次，长期的厌倦情绪对孩子个性品质的发展消极影响很大，对孩子的一生都会产生可悲的作用，因为厌倦是与失败和无奈联系在一起的。试想当你的工作和生活中充满着失败与无奈时，它会对你产生什么样的影响？

如果孩子对学习产生了厌倦情绪，对他厉声呵斥是无济于事的，关键是要理解这种情绪，理解孩子为什么会产生这种消极的情绪，并考虑如何帮助孩子逐步摆脱这种情绪。这种情绪虽然含糊，难以说清楚，但是很强烈，摆脱它比摆脱一般的情绪更难做到。

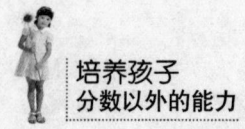

一、厌倦情绪从何而来

1. 缺乏充分发挥自己能力的刺激

人们在做一些很少要求发挥他们的能力和才干的工作时，会感到麻木、迟钝。但是，超越教材大纲的要求和课程规定，让学生各自发挥，又会使教师感到为难。如果孩子在学习中得不到足够自由发挥的机会，他们会觉得学习刻板、枯燥。

2. 学习处于一种失败状态

许多孩子不喜欢学习是由于成绩不好，经常面对老师和家长的指责，自尊心经常受到伤害。由于学校需要按一定规则、制度、惯例和典型的集体生活来管理，自然容易让孩子觉得单调和乏味。在大多数情况下，孩子在学校中，由于畏惧、压力、外在的目的和缺乏选择等原因，而忍受着厌倦的折磨。

3. 学习"单调"

一遍又一遍地做同样的事情，没有一点儿可以感觉到的变化，无论这件事在第一遍做的时候怎样令人兴奋都会变得单调乏味。学习需要反复练习，有一定的常规，这很快就会使许多学生感到沉闷、乏味。

4. 拘束、压抑的感觉也容易使孩子产生厌倦情绪

人们感到不能自由自在地活动，受到限制，他们从事的工作对他们来说，就显得更沉重。由于正规的教学活动都是在大的团体内进行，管理好学生常常成为首要的事情，因此，大多数学校对学生做了大量的规定。如在课堂上禁止随便说话，禁止做与教学内容无关的事情或随便离开自己的课桌等，这些都易于增添厌倦情绪。当学生还不理解指定他们做的作业对他们自己具有的价值时，他们充其量不过是把这当成一件令人厌倦的

活动。

这似乎是一幅凄凉暗淡的校园生活画。如果我们打算增强孩子学习的动力，我们必须认识到，着重把等级分数作为外在管理的手段，会大大地削弱孩子热爱学习的内在动力。然而，等级分数在学校里常常被看作是有效地促进学习的因素，在家庭里也作为孩子学习成绩的主要指标，甚至是唯一指标。所以，只要片面强调分数的现状不改变，厌倦学习的情绪也就很难予以根除。最近几年，这种状况有愈演愈烈之势，中小学生学习负担重、厌学，已成为社会的弊端，学生的不幸。

人们受到事物的刺激和对其感兴趣的程度，取决于他们的学识范围和主观意识。人们对事物的兴趣，基于他们的经历和地位，并且和他现在的发展需要，以及最近社会上发生的事件有关。

家长在对孩子的兴趣爱好和生活感受方面，有着极大的影响。许多学生对学校课程没有兴趣，这是由于他们的父母没有在学校的课程上指导和培养他们的兴趣。有的学生可能对一门课不感兴趣感到厌烦，因为他们的父母没有很好地培养他们做到专心学习和深刻理解要掌握的知识。

二、家长的应对措施

一些家长把孩子厌学归咎于学校和孩子自身，而忘了自己应当承担的一部分责任。事实上，家长在激励孩子积极学习方面，起着十分重要的甚至是决定性的作用。

作为家长，该如何对待孩子的这种厌倦情绪呢？

激发兴趣需要教师、家长和孩子三方的努力，要做到这一点，除非孩子在课堂上对学习产生兴趣。课堂上的教与学是相互补充、相辅相成的，更多的像是会谈，促使人们不得不尽早地参与进去。因而我们相信，针对

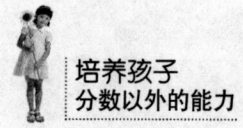
培养孩子
分数以外的能力

那些抱怨并感到厌烦的孩子提出的一个合适的问题是:"是什么引起你厌倦学习的?"并且给孩子一个合适的告诫:"那么,来吧。现在你能用这种方法帮助自己摆脱厌烦了。"

想帮助孩子摆脱厌倦情绪,家长就必须确切了解以下问题:

1.孩子在课堂上是否有过成功

有时候厌倦成为掩盖缺乏自信或感到没有把握的托词。说一句"这令人厌烦"比起说"我做不好,做得不像我想象得那样好"要容易得多,而且显得不那么有失面子。如果孩子在学习上得到的成功比他们期望得到的要少,那么,这就很不利于消除他对学习的厌倦情绪。

2.孩子是否经常提问题

一个好的问题是经过思考的,一个好的想法具有刺激力量。提出问题前要先思考。当一个人在他的学习中产生问题时,表明这个人已沉浸到学习中,因为他已不是众人所说"一个耳朵进,一个耳朵出"那样漫不经心,而是积极主动地根据学到的知识在做一些事了。

鼓励你的孩子问些经过思考的问题,将使孩子沉浸到学习中,增加学习的兴趣。让孩子试着在听课时,写下一些自己想到的与教师讲课内容有关的问题,这能够使孩子的精神振作起来。

3.孩子能否胜任他的学习和家庭作业

孩子对他们不理解的事情不感兴趣,或者说他们不准备去弄懂,他们就会迟迟不做家庭作业。他们学到的和教师已教的之间,常常会产生一个差距。由于他们缺乏必要的知识去鉴赏教材,教材内容对他们来说,就显得不是很有趣味。

4.孩子是否专心听讲

如果不想使孩子难堪,可以这样问孩子:"你有时候没有注意听讲,对吗?"这个问题很自然,孩子不会感到顾虑重重。这就有可能进一步探索,当他没有注意听讲时在做些什么事,这对解决厌倦问题可以说是有真正价值的。

5. 孩子是否会把握机会

学习中,当学习内容尚未开始令人感兴趣时,寻找时机参与或介入进去,这是促进对学习产生兴趣的重要环节。帮助孩子找到经常性地参与课堂讲授的方法,可以真正提高孩子在课堂上的兴趣。例如,鼓励孩子提出自己的意见或答案,参加讨论并在黑板上表达出自己的想法,这些都会刺激孩子产生对学习的兴趣。因为他们正在思索,已经意识到大家都在交流看法,感到自己也负有责任。所有这些活动,都会增强孩子的兴趣,促使他们活跃起来。

烦燥是一阵恼人的风

烦躁是现代孩子最为普遍的一种"常见情绪"。在这种心境下,孩子好像对自己的一切行为都不能认定其积极的意义所在,因而表现出时而想干这个、时而又想干那个、时而什么都想干、时而又什么都不想干的人生无序状态,以致总有一种茫然的感觉,严重阻碍着孩子的学习与进步。

一、烦躁是如何产生的

产生烦躁的最直接因素通常有两个:不知道自己该去做什么,不知道自己所做的事是否值得。

一项研究表明,学习最容易令人开心。这是因为学习本身虽然不能常

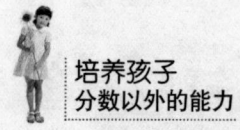

**培养孩子
分数以外的能力**

常直接给人以乐趣,但学习的性质却使孩子们要面对或参与一种具有挑战性并带有技能与技巧的活动,于是它便能给孩子们带来无穷的乐趣。

因此,要想从根本上消除烦躁的情绪,就必须从孩子的学习状况着手,让他们在其中倾注自己的热情、责任心与智慧,使之变成一种对自己充满挑战性与刺激性的活动。

当然,也很有可能有不少孩子目前所学习的课程仅需要自己的部分智力、精力或能力,当孩子的才智越是超出了他们学习的需求,他就越会感到烦躁。

二、帮孩子消除烦躁

家长如何帮助孩子在烦躁的环境中保持心理健康呢?下面是几条建议:

1.重新考虑学习的条件

如果孩子的才智超出了学习的需求,他就会感到烦躁。在这种情况下,孩子也不是无所作为的。你可以设法让他们使自己的能力与学习要求相符,或者干脆让他们去学习更适合自己的课程。

总之,孩子需要通过学习自己所热爱的东西来发现、证明、创造自己,使之充分运用自己的心智,扩展自己的潜能,才能最有效地消除烦躁的情绪。

2.教育孩子不要对自己过分苛求

要让孩子将期望确定在自己能力所及的范围以内。每个人的能力都有一定限度,既有优势又有劣势,一个心理健康的人应能对自己的能力做出客观评价,并据此行事。如果通过自身努力最终实现目标,那么在获得成功的过程中,个人的需求会得以满足,个人的价值会得以体现,自信心也会得以巩固和加强。

如果好高骛远，仅凭热情盲目追求，就会蒙受打击，产生挫折感，以至于影响自信和情绪。

3.积极参加社会交往活动

孩子也是社会的一员，必须生活在社会群体之中。一个人要逐渐学会理解和关心别人，一旦主动爱别人的能力提高了，就会感到生活在充满爱的世界里。如果一个人有许多知心朋友，不但可以取得更多的社会支持，更重要的是可以感受到充足的社会安全感、信任感，从而增强生活和学习的信心和力量，最大限度地减少心理危机感。

一个离群索居、孤芳自赏、生活在社会群体之外的人，心理是不可能健康的。那么，来自家庭的社会支持减少，走出家庭、扩大社会交往对孩子改变烦躁的性格就显得更有实际意义。

4.多找朋友倾诉

孩子在生活和学习中也难免会遇到令人不愉快和烦躁的事情，如果有好友听他们诉说苦闷，那么压抑的心境就可能得到缓解或减轻，失去平衡的心理就可以恢复正常。得到来自朋友的情感支持和理解，他们也将获得新的思考，增强战胜困难的信心。

孩子还可以将烦躁情绪向自然环境转移，郊游、爬山、游泳或在无人处高声叫喊、痛骂等；也可积极参加各种活动，尤其是将自己的情感以艺术的手段表达出来。

5.丰富孩子的业余生活

你可以让孩子在业余生活中，把自己的业余爱好及活动当作学习一样来对待。

现在有不少孩子将业余生活安排得单调枯燥，回家后就用看电视、游

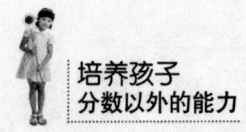
培养孩子
分数以外的能力

戏、聊天来消磨时光，久而久之难免会感到乏味。因为孩子不能总是从旁观别人的生活中获得乐趣，那样的话他必将丧失生活的投入感与参与感，其结果往往是别人生活得越辉煌灿烂，他就越觉得自己生活得渺茫空虚。

所以在业余生活中，孩子同样应该具有一种积极的、创造性的和挑战性的精神，使自己的生活过得丰富多彩、妙趣横生。

紧张和沮丧是情感疾病

一、正确认识紧张和沮丧

我们把神经系统的特别兴奋称为紧张，这对于少年儿童来说一样是不可避免的。紧张远远不仅仅对情感有害，比如使我们感到沮丧和过分疲劳，它还会通过在我们的生活中增加兴趣、热情和戏剧性，使我们的生活变得激动人心和富于情趣。换一句话说，紧张本身并不是问题，尽管它可能是对环境中的消极情况的反应。真正的问题在于对紧张的处理。对于未成年的孩子来说，有效地处理紧张常常需要父母的帮助。

和紧张相比，沮丧是一种情感疾病，常常以无助和无望的感情为特征。和悲伤一样，它一般也是由紧张导致的；反过来，它自己又会导致紧张。不过和悲伤不一样的是，它是人类心理上的一种麻痹状态，这种状态可以持续几个月，甚至更长的时间。

无论你的孩子是否天生就容易紧张，你必须准备帮助他处理特殊的和紧张有关的事件。而且，如果紧张的程度越来越深，还要准备帮他处理和沮丧有关的特殊事件。你所能做的最好的事情就是，尽可能地利用出现在你和孩子身边的大小机会，享受彼此相处的快乐。它不仅为孩子积蓄快乐和自尊，以备紧急事件之需，而且能使你们之间的关系更加亲密，这样在需要的时候他就更可能找你帮忙。

二、父母这样培养孩子应对紧张和沮丧

1.预测孩子可能会出现的紧张或沮丧并做好相应准备

有些已被证明会使孩子感到紧张，甚至可能导致沮丧的事件，是相当容易预测的。这些事件包括住院、探访生病的亲朋好友、预先已经安排好的某位亲戚的来访、有计划的家庭搬迁、主要的节日或者兄弟姐妹的生日。为了做好准备，你事先就应该和孩子进行良好的沟通，这样他在经历这一切的时候，就会相当了解可能会发生什么。同时你还应该精心安排，这样它就不会使孩子不安了。

然而有些事情我们预知它们会使孩子感到紧张，但是要正确地预测却是困难的，比如，预测一个关系密切的亲戚因病重而死亡，可能是正确的，也可能是不正确的；当你的孩子参加了球队的时候，预测他会表现良好可能是正确的，也可能是不正确的。

你更没什么机会让孩子为这些更具有假设性的事件做好准备，但是你依旧能够确保孩子碰上这些事件时不完全感到惊讶。为了避免对孩子造成不必要的伤害，你应该在你们日常的闲谈中，用一种敏感而有效的方式提出这类事件发生的可能性。

2.对孩子不再紧张或沮丧的症状要多加注意

紧张和沮丧的普遍症状基本上是相似的。但是针对某一特殊的紧张或沮丧可能会表现出来的症状，孩子和孩子之间的差异是非常大的。

在情感上，这些症状包括恐惧、情绪低落、厌烦、闷闷不乐、易怒、

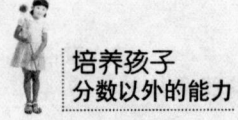
**培养孩子
分数以外的能力**

情绪激动、愤怒或者过分激动。在行为上,它们包括举止的剧烈变化:从不同寻常的畏缩变成不同寻常的好斗,或者从不寻常的平静变成不寻常的抽搐和牙关紧咬。在心理上,它们包括无法解释的胃疼、头疼、睡眠方式或口味的改变。

一般说来,紧张没有沮丧那么激烈,也比沮丧更容易治疗。所以,父母必须尽其可能地发现孩子处于紧张之中的症状,并且设法减轻它。

3. 做个特别优秀的倾听者和观察者

在与孩子的交谈中,你要对孩子的感情做出反应,向孩子证明你同情他情感上的痛苦困境。你不时地还要坚定地点点头,表示你理解孩子正在说的,同时解释一下孩子关键的表述,配以与孩子一致的面部表情、语言和语调。

对孩子的情感做出反应并不意味着你宽恕它们,你更应该认识到和感觉到这些情感对于孩子的生活的重大影响。

当你的孩子过分紧张或者沮丧的时候,你除了做一个优秀的倾听者之外,有时还必须是一个优秀的观察者。孩子出现情感问题的真正原因——有意或无意地——都隐藏于外在的行为之下。

比如,一个因为失去父亲或母亲(或者因为死亡或者因为离婚)而特别不安的孩子,可能会下意识地变得富于攻击性或者极度活跃,而不是像人们想象的那样沉浸在悲伤之中。相似的,因为肥胖而受到同学残忍的嘲笑的孩子,可能会求助于反常的暴饮暴食,而不是更合"逻辑"地运用自我饥饿疗法减肥。

如果你的孩子的行为方式很奇怪,那么设法在不同场合的不同情境中观察他,然后再得出关于他表现出的行为的原因的结论。同时,父母应该谨慎而秘密地向孩子的生活世界中的其他成年人了解他们观察到的情况。

4.为了使孩子感觉好些你能做些什么

一旦你了解孩子是怎样感觉的,以及在某种程度上他为什么会有那种感觉,那么就问问他,你做些什么才能减轻这些情感或者改变诱发这些情感的环境。一定要给孩子一些时间,让他想想可能的建议,然后要求他提出关于自己和你,或者其他人能做些什么的建议。

如果你的孩子提不出什么意见,或者他的想法不合适,那么尽量提出些你自己的意见。也给自己一点儿时间,考虑一下能应付当时的特殊情况的最切合实际而且可能有效的策略,其中包括关于你和孩子或者其他人能做些什么的看法。

克服紧张和沮丧的观点一般分为两类:治疗和设法使孩子分心。治疗是学习如何在导致紧张或者沮丧的环境中生活,以及如何度过这段日子。分心是把某人贯注于诱发紧张或沮丧反应的原因的注意力转移开来。在许多个案中,同时使用治疗和分心的方法是较为合适的。

比如,可以用某种孩子能够亲自和父母说再见的正式仪式——花一个小时和父母回忆往事,去墓地拜祭或者仔细地收藏死去的父母心爱的物品——来治疗(即使不能完全治愈)一个为父亲或母亲的死亡而哀伤的孩子。另外一方面,可以用分心的方法同样使一个孩子不再沉浸在悲伤中:和父母外出进行一次非常快乐的旅行,参加一个新的群体活动,或者得到一只新的宠物。

如果孩子对于别人嘲笑他的体重感到非常紧张,那么对他进行治疗的方法包括:教孩子和善的"反击"方式;帮助孩子按照某一食谱进餐和进行体育锻炼,这样孩子就不会显得过分臃肿。可以使他分心的方法是:引导孩子欣赏自己身上令人赞赏的品质,让孩子参加一些能够增强他自尊心的活动。

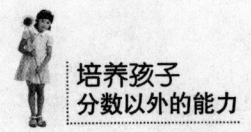

5.避免过分保护孩子或者对孩子施加压力

处于成长中的孩子需要接受生活困境的磨炼,这样他们才能找到最适合他们的个性、希望和抱负的应对策略。这也是验证他们个人天分的机会,可以培养他们适应更加独立和复杂的成人世界的性格特点。

尽管在孩子真正感到紧张和沮丧的时候,你总是特别担心他的情感健康,但是你不要干扰孩子自己处理紧张不安的情绪。你的任务就是协助孩子处理紧张和沮丧,而不是你自己去处理它们。

另外一方面,不要对孩子抱有过高的、不切实际的期望,过高的期望本身就会使孩子感到紧张和沮丧。

忧郁是一种病态

每个人都会有不快乐和心情不好的时候。忧郁是孩子常见的情绪困扰,是一种感到无力应付外界压力而产生的消极情绪,常常伴有厌恶、痛苦、羞愧、自卑等情绪。它不分性别年龄,是大部分孩子都有的体验。

对大多数孩子来说,忧郁只是偶尔出现,历时很短,时过境迁,很快就会消失。但对有些孩子来说,他们则会经常地、迅速地陷入忧郁的状态而不能自拔。如果忧郁一直持续下去,将会严重影响孩子的学习与生活。

当然,大多数的孩子只是轻微地感到忧郁,还达不到抑郁症的程度。但这时也需要引起父母的重视,帮助孩子调整心态和生活方式,防止忧郁变得更加严重。

一、帮孩子摆脱忧郁

忧郁是一种很常见的情绪障碍，长期忧郁会使孩子的身心受到伤害，使他们无法正常地学习和生活。但也不需要过分担心，经过恰当的调节后，大多数孩子都可以恢复正常，快乐地生活。你可以参考下面介绍的一些方法：

1.让孩子学会宣泄

孩子在忧郁时，要善于向知心朋友、家人诉说自己碰到的不愉快的事。当处于极其悲哀的痛苦中，要学会哭泣。另外，多参加文体活动、写日记、写不寄出的信等，都可以帮助消除心理紧张，避免过度忧郁。

2.帮助孩子订立合理的目标

有位因车祸而致残的年轻人问心理学家："你认为我还有前途吗？"心理学家回答："如果你想当个跳高运动员的话，那是没有前途了；如果你想做个有作为的人的话，那就还大有前途。"

就这位不幸的年轻人而言，他原来的生活目标，已经在意外中突然改变了。如果他以当运动员为生活目标的话，那他一定会非常忧虑，因为他再也不能像正常人那样运动了。所以对这样的人而言，重新建立合理的生活目标，找一个适合自己而又喜欢的工作，会增加对自身能力的信心，会因看到希望和前途而重新振作起来。

3.让他们自我调节情绪和改善心境

孩子要想消除忧郁情绪，首先应该停止对自身及周围世界的埋怨，明确自己的认知错误，因为孩子在很多时候都是以感觉做依据来思考问题的。但感觉不等于事实。每当他们忧郁时，可以让他们运用以下几个关键步骤：

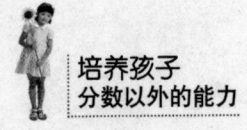

培养孩子
分数以外的能力

（1）记录。让孩子把心中消极的想法记录下来，别让它们占据了头脑。

（2）反思。找出曲解事实的原因，一定要击中要害。改变思维方式，调整心态。

（3）用更为客观的想法取代扭曲的认知，彻底驳斥那些让他们自己瞧不起自己、自寻烦恼的谬论。一旦开始这些步骤，孩子们就会感到精神振奋，自信心增强，无价值感就会烟消云散。

（4）要让孩子学会客观地评价自己和他人——不妄自尊大，更不妄自菲薄，看清自己的长处，建立自尊，增强自信。不盲目地把自己同别人做比较，不管别人是否比你得到更多的好处，你都不要在意，重要的是自己的感觉。只要孩子常以积极健康的心态鼓励自己，就会从中体验到更多的成功和快乐。

（5）要看到事物的光明面——不把事物看成非黑即白，遇到不愉快的事，要从好处和积极方面想，以微笑面对痛苦，以乐观战胜困难。

（6）转换不愉快的记忆画面——人的头脑对画面的记忆远胜于文字及言语。为什么过得不快乐？是因为脑海中有不愉快的画面。所以，修改脑中的画面，创造活力，就是决定孩子幸福人生的关键。一些不愉快的画面，可以重新定义，重新诠释定义，有助于情绪的转换。

4.让孩子学会自我欣赏

自我欣赏，可以培养自信，坦然对待不良刺激，以保持情绪稳定，心境良好。如果孩子充满信心，"结果"就会朝好的方向走。有位成功人士说过这样一句话："如果你知道要往哪个方向去，世界会为你让出一条路来！"

当然，矫正不合逻辑的思维方式，改变错误的自责自罪观念，不是轻而易举的事。但一旦孩子对周围事物和自己能做客观的分析后，对现实生活就有了正确的领悟，他们也将置身于一个充满积极向上的情感世界中，心情会豁然开朗。尽管生活中还存在着这样和那样不尽如人意之事，但他们不会由于一时的认知偏差，造成感情挫伤，失去对生活中美好意境的追求。

5. 制订切实可行的日常活动表

每天填写回顾、分析日记，既能使孩子摆脱不愿活动和不想做事的处境，又能给他们带来活动后的满足，逐步消除懒怠与内疚。

6. 让孩子养成好的生活习惯

规律与安定的生活是忧郁性格的孩子最需要的，早睡早起，按时起床、按时就寝、按时学习、按时锻炼等有规律的活动会简化他们的生活，使他们有更多的精力去做别的事情，保持身心愉快。而多完成一件事，就会使人多一份成就感和价值感。

7. 扩大孩子的人际交往

悲观的人周遭大部分都是悲观者，而乐观的人身边亦多为乐观者。因此要想改变命运，你必须教导孩子要向乐观者学习。不要拘泥于自我这个小天地里，应该置身于集体之中，多与人沟通，多交朋友，尤其多和精力充沛、充满活力的人相处。这些洋溢着生命活力的人会使孩子更多地感受到事物的光明和美好。

忧郁的演变通常是由轻度演变为重度，如果在轻度忧郁的时候，及早发现与及早调节和治疗，可大大降低忧郁的程度。因此，每个做父母的都要仔细观察孩子的一言一行，你的孩子是不是有忧郁的情绪！必要时要求助于心理医生等专业人士，服用药物控制病情，以免耽误，造成不良后果。

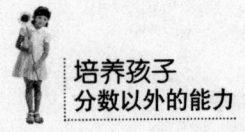

二、让孩子学会自我调节

忧郁使人觉得疲累、无力,觉得人生没有意义、绝望,甚至会想到结束生命。但是,这些负面的想法只是疾病的一部分。如果你想要帮助孩子尽快脱离或避免加入忧郁症的行列,就教孩子牢记以下各大要点:

(1) 不要对自己期望太高,这将会增加挫折感。

(2) 不要定下难以达成的目标或承担太多责任。

(3) 把巨大的任务区分成好几个小项目,分优先顺序,尽力而为。

(4) 参与能够使你欢愉的活动。例如:打球、看电影、参加社交活动,不要太劳累。

(5) 设法和别人在一起,避免经常独处。

(6) 如果出现轻微的忧郁,休个假,享受自己的嗜好。

(7) 不要期望忧郁症会突然变好,这种情况很少见。尽量帮助自己,宽待自己,不要因为未能达到水准以上的表现而责备自己。

(8) 切记不要接受负面的想法,它只是病情的一部分,而且会随着治疗而消失。

(9) 不要做重大决定,专家建议把做重大决定的时间延到忧郁的病情改善为止。

(10) 当你自己觉得忧郁的现象日趋严重时,不必害臊,要立刻去找心理医生或精神科医生。

(11) 愈早治疗,效果愈好。要慎防自杀或杀人的举动。

现代封闭式的家庭教育使孩子与外界的接触越来越少,这样极易使孩子变得忧郁,如不及早调节与治疗,可能会严重影响孩子的身体健康,与家人及朋友的关系,不能正常学习与生活,甚至有自杀的危险。所以,父母要密切留意孩子的情绪,有效掌握忧郁症,不要让它轻易入侵我们的生活。

焦虑让孩子心神不宁

目前在中国,学习几乎决定了孩子们的境遇。学习不仅是学生时代的主要任务,而且老师和家长们很容易以学习上的成败论英雄。因此,学习好坏成为影响孩子情绪状态的重要因素之一。

反过来,情绪的好坏对学习的影响也是很大的。积极的情绪有助于学习,而消极的情绪会降低学习效果。所以采取一些适当的方法调节自己的情绪也是孩子要学习的。要力图降低学习中的消极情绪,提高学习中的积极情绪。

的确,学习是很艰苦的。错误和失败的威胁是学习过程中的噩梦,它们形影不离地伴随着学习过程。因此,厌倦、焦虑、压抑可能时时袭击孩子们的脆弱的心灵。即使是少数"尖子生",班上的"佼佼者",也会不时体验到某种程度的厌倦和焦虑。恰当处理好学习中的困难和挫折,防止消极情绪的产生,是保持身心健康和提高学习效率的一个重要问题。

一、不要让焦虑控制孩子

过度的焦虑是一种消极情绪,它严重扼制着孩子的学习。但是,适当的焦虑却可以成为学习的推动力,有助于提高学习成绩。

研究发现:在小学阶段,焦虑会妨碍学习;到了中学阶段,焦虑会成为学习的推动力,其推动作用超过它的阻碍作用;到了大学阶段,几乎焦

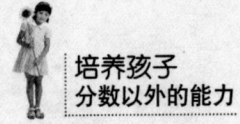
培养孩子
分数以外的能力

虑程度越高，学习成绩就越好。对初二学生的专题研究发现，省属重点中学的学生比一般学校的学生明显更焦虑，特别是在孤独倾向、敏感倾向、自责倾向等方面差别很大。

事实上，缺乏焦虑感的学生，他们缺乏责任感，沉湎于眼前的满足，不顾行为的结果，意志松懈，却又盲目乐观。

过度的焦虑表现为慌乱、紧张、行为失常、胆怯、思维混乱或僵滞，时常处于惴惴不安的心境之中。高度焦虑还会妨碍睡眠，影响食欲，妨碍健康。长时间的过度焦虑易产生一种"神经过敏性焦虑"，表现为对外界刺激特别敏感，很烦躁，易发怒，对愉快的事件也易反应过度，狂欢狂喜，心境变化大，喜怒无常，难以预测。

因此，过低过高的焦虑都是不适当的表现。

中等程度的焦虑才是有益的。中等程度的正常焦虑者，有轻度紧迫感和忧虑感，注意力非常集中，思想紧张迅速，行为镇定理智。

美国著名教育心理学家林格伦说："如果学生要进行学习，某种最低程度的焦虑是必需的。有效的学习中必然存在着焦虑，这种焦虑不仅无法避免，也不要避免。最好的对待它的办法是承认它，但要让它在自己的控制范围以内，不要让焦虑控制了你。"

二、教导孩子调适焦虑情绪

有一个十分懂事的孩子，学习优秀，在班上名列前茅。有一段时间，他突然变得沉默寡言，成绩下降。家长问他，他什么也不说。家长多问几句，他就哭了。经过心理学家的帮助，才发现他对学习过于焦虑。家长曾对他说："你们学校不是重点中学，只有在班上每次都考第一名，才能有把握考上大学。"的确，孩子很争气，每次考试总是第一。但后来由于种种偶然原因，孩子有一两次考得不理想，退到班上十名之后，因此背上思想包袱，出现了上述心理症状。经过心理学家的指导和帮助，使他降低了焦虑程度，最后他考上了大学。

孩子有的时候产生焦虑是很正常的，但是作为父母，有必要对他们进行引导，告诉他们一些可行的调试方法。我们要采取一些措施，让他们把自己的焦虑程度调节到一个适当的水平上——保持中等程度的焦虑。

1. 判断焦虑程度是否适当

当人在某件事上面临着失败，而恰巧这件事又是这个人心目中很重要的事时，这个人就会产生焦虑。例如，学生面临考试时，就更容易产生焦虑。这种由特定挫折情境引起的焦虑，只要不过分强烈，就属于正常焦虑。如果这种焦虑引起过分紧张、心慌、失眠、厌食、厌倦、虚脱等，那就是焦虑程度过高，有必要让孩子采取措施让自己放松一下。

2. 加强意识控制

人之所以为人，主要是因为人是理智的动物。要让孩子学会用理智战胜情感。要他们时时提醒自己，一定要保持开心的心境。父母可以在孩子的周围，他们能常看到的地方，如在书桌上、笔盒里，贴上一张小条，写上"乐观""开朗""笑一笑，十年少""庸人自扰"等词，时时提醒他们保持健康的情绪状态。

3. 不要唉声叹气而要实干

你要告诉孩子，不要陷在以前的失败之中，要努力向前看。不要抱怨，要实实在在地干，苦干加巧干。既要放下过重的包袱，又不能完全不要包袱。不能把必备的东西也扔了，全扔了的人是现代火热生活的可怜逃

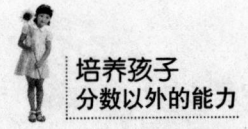

兵,不足以效仿。

4.融入集体与思想交流

人际压力也是造成焦虑情绪的一个主要原因。孩子心里的苦闷最好的排解办法是交流,找老师、家长、学友交心。一分思想交流,会带来一分理解,人与人之间就多一分融洽。最后孩子就会发现,和人交流是快乐的。

思想交流,倾吐内心苦水,是降低焦虑程度的良方。培根有一句至理名言:如果你把快乐告诉一个朋友,你将得到两份快乐;如果你把忧愁向一个朋友倾吐,你将被分掉忧愁。

5.进行纵向比较,树立自信心

俗话说,"人比人,气死人"。和周围的同学进行横向比较,提高竞争意识,有助于提高学习动机。但横向比较有明显的副作用,学习暂时落后的孩子会越比越没信心。所以,有时候家长更要注重孩子纵向比较的结果。

纵向比较,就是用孩子的现在和孩子的过去相比。付出了努力,得到了回报,哪怕这回报是很小的,哪怕这进步是很小的,都应该感到自豪,要让孩子看到自己的成长。

永远不要"痛恨"自己,而要接纳自己;永远不要轻视自己,而要尊重自己;永远不要自暴自弃,而要自强不息。如果孩子真的能正视自己的短处,不是一味地排斥它,那么他们的焦虑程度就会降低。

6.任何时候都不要灰心和绝望

面对学习失败的经历,许多人消极地归因为自己"生来笨""不是学习的料子",这就是"习惯性绝望感"。

有人用狗做了一个有趣的实验。起初把狗关在笼子里,只要蜂音器一响，就给以片刻的电击。狗被关在笼子里，逃避不了这种电击。多次实验之后，再将实现内容改为蜂音器一响，在给以电击前先把笼门打开。此时，狗会不会迅速逃出笼门呢？它不但不逃，而且不等电击出现就先倒地开始呻吟和颤抖。本来可以主动地逃避却被动地等待痛苦的来临，为什么？这就叫"习惯性绝望感"，先前的挫折导致后来不再做任何努力。

这种"习惯性绝望感"在学习生活中也随时可见，主要原因是对失败的不正确归因。我们要教导孩子学会把挫折和失败归因为可控的、不稳定的原因（特别是内因）。

我们要让孩子认识到失败的意义，提高对挫折的忍耐力。要让孩子知道世上没有常胜将军。学习中每做错一道题，就算是一次失败。在考试中没有达到自己预期的水平，也算是一次失败。失败时时出现，不仅是必然的，而且是必要的。试想，如果孩子们每天只做"2+5=？ 7-2=？"之类的一位数加减法计算题，他们总也不会失败。但他们也就永远没有进步，永远没有成功！没有失败，就没有成功！不面对富有挑战性的任务，就不会有进步！失败是有价值的，并且这价值是重大的，失败意味着他们未掌握某些知识技能，失败可以指明他们努力的方向。所以应该指导孩子把失败看成是一种推动力，提高自己对失败和挫折的忍耐力。

再从掌握知识的角度看，失败还有助于孩子从正反两方面掌握知识，不仅知道"是什么"，而且知道"不是什么"。只有这样从正反两方面掌握的知识才是健全的、准确的、清晰的知识。你可以告诉孩子：不要害怕失败，要认识到失败的必然与价值。这样一来，孩子的焦虑程度就会明显降低。

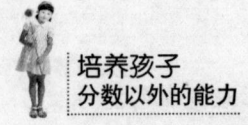

三、焦虑也有积极作用

任何一个孩子只要一到考试,就会感到不同程度的焦虑,甚至还会寝食难安,无心看书。其实任何人都会有不安的情形,都会产生不安感。

有很多公司进行的新进人员的心理测验表明,凡是前途光明的人,都是对自己的工作及能力感到焦虑的人;而那些自视甚高的人却没有什么杰出的表现,所以,焦虑感是进步的原动力。当然,过度的焦虑就会影响孩子的学习与生活,甚至影响身体的健康。一旦孩子出现过度的焦虑,父母就要帮助他们稳定自己的情绪。

过度的焦虑最主要的表现是注意力不集中。孩子们为了升学考试而全力以赴,但是在精疲力竭时就会感到愈想集中注意力就愈不能集中。出现这种情形,是因为精神过分神经质的缘故。

对于这种情形,其实我们可以让孩子在学习之前先利用一两分钟的时间,做一些视觉和听觉上的训练。一所治疗神经衰弱的学校曾经尝试过这个方法,让学生将思绪在脑中想象为空中的一个点,除了这个点之外其他的什么都不想;其次让他们把这个点延伸为一条线,那么,线延伸得越长,精神集中的时间也就越长;紧接着再让他们想象空中有星形或旋涡等简单的图形,这样一天又一天地使想象的物体越来越复杂。一个无心用功的学生持续使用这个方法后,使自己能够集中精神学习。一位因每次听课时都迷迷糊糊、不知老师所言为何而苦恼不已的学生利用这个原理,在听时钟的嘀嗒声时,一边听一边在心里面默念10次,第二天15次……如此类推每天坚持练习8遍。这样一来,一段时间后他终于摆脱了多年来的苦恼。

挥挥手告别犹豫不决

优柔寡断、犹豫不决的心理弱点往往会使一些人产生"这山望着那山高""不识庐山真面目"的困惑与迷茫。它往往让我们失去了很多机会,将时间浪费在等待和踌躇之中。

一、只要想改变就可以改变

无法做出决定、过分犹豫其实是一种性格问题。具有这种性格的孩子会有很多的想法和担心。这些正常的想法和担心使他们无法做出决定。

其实谁都无法逃避做决定,人总是要做出决定的,尽管内心希望逃避。任何令人满意的结果都需要有个"开始",这里的"开始",指的就是有想要改变的意愿。

面临痛苦的煎熬,如果没有改变的意愿,糟糕的状况只会继续下去。这种感觉就好像把自己的一切交给未知的命运去决定,或者让自己成为一叶浮萍,水流到哪里,自己也跟着漂到哪里。你的感受、想法、喜好、理想……一切属于你的独特性都变得不重要,生活变得死气沉沉!

二、心动不如行动

有了想改变的念头,心情也许会因为看到一线的希望而好转,但这并

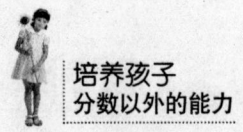

不表示问题就真的会有改变！如果只萌生强烈改变的意愿，但是行动上却依旧怨天尤人、自我责备的话，一切也不会有什么改善。

有一些孩子清楚地知道自己的生活的确要有所改变，可是却仍然用原来的行为习惯或方式来面对自己的问题，结果使得原先想改变的期望因为一再的失望而逐渐消失殆尽，心理的困境反而加剧了。

因此，当孩子有了改变的宝贵动机之后，最重要的是要考虑接下来要做哪些跟以前不一样的行动，这样才是真正想改变，而且这样的做法才能取信于自己：这次我是认真的！我真的想要改变！

如果孩子不满意自己的生活或是过得不快乐，就得有改变，否则不满意或不快乐只会继续下去！一旦有了改变的意愿之后，千万记住也要有行动上的改变，这样事情才会跟着开始变好。

弹指间摆脱孤独心理

现在有许多孩子抱怨身边没有多少真正的朋友。对这些孩子来说，当与别人进行坦诚交往的需要不能满足时，他们将产生强烈的孤独感。从这个意义讲，孤独是一种个人体验。

多数人都体验过孤独的痛苦。有关统计资料表明，孤独感已成为现代孩子的通病。

一、产生孤独心理的因素

王靖是一名大学生，他对自己的人际交往总觉得没什么信心。平时在宿舍里的时候总觉得别人是在针对自己，走在路上也觉得自己对别人怀有敌意。他从小在家里就是一个人，孤独惯了，当然也独立惯了，他认为这个习惯在高中给他带来了很多方面的影响，但总的来说是利大于弊，使得他学习心无旁骛，成绩也十分优秀。但到了大学后他觉得自己开始不适应了，学校在各个方面都要求一种团队精神，而不只是学习成绩。他觉得自己很难与他人沟通，总是感觉与他人格格不入，总对他人怀有敌意，对自己的事情总是有太多的不平衡感，一直精神上压力很大，自己感觉很痛苦，使身边的人也感觉到很不舒服。

有孤独感的人倾向于在社交时对他人和自己给予严厉的、苛刻的评价，许多有孤独感的人缺乏一些基本的社交技能，从而使他们无法与他人建立持久的关系。

孤独的孩子可能更内向、焦虑，对拒绝反应更敏感，并且更容易忧郁。孤独的人在朋友身上花费很少的时间，不经常约会，也很少参加聚会，没有什么亲密的朋友。在人际交往时，他们对自己和对方的评价极端消极。

有的孩子乐意与别人交往，但一旦进行比较重要而且时间较长的交谈就会出现困难，缺乏基本的社交技能，更没有机会去训练社交技能，所以，难以有长久的朋友。他们对自己的伙伴不太感兴趣，常常不能对于对方所说的加以评论，也较少向对方提供有关自己的信息。相反，这些孤独者更多的是谈论自己并且常介绍新的与对方的兴趣无关的话题，倾向扮演一个"被动消极的社交角色"。也就是说，孤独者在交谈中不愿付出太多努力。所以，我们常常感到与孤独者交往很乏味，而他们也不知道这种交往方式是怎样赶跑了潜在的朋友。当别

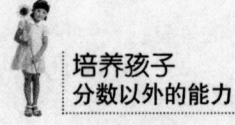

人期望他们多暴露时,他们却暴露得很少,而当别人不期望他们过多暴露时,他们却暴露得太多。结果,在别人眼中他们是冷淡的或不可思议的。

孤独者因为采用消极的交往方式,并缺乏必要的社交技能,而难以与他人建立亲密的友谊。这些孩子与人交往时,常常让人感到不愉快,因此他们很难建立有助于他们发展社交技能的人际关系,因而难以摆脱孤独。

心理学家认为,通过基本社交技能的训练,可以使孤独者走出孤独的恶性循环。

二、引导孩子战胜孤独

虽然孤独是每个孩子都常有的心理体验,但并不是每个孩子都能成功地战胜自己的孤独感。有人用喝酒排遣孤独;有人把时间排得满满的,让孤独的感觉无处插足;用这样的方式驱走的是寂寞而不是孤独。

孤独是一种思想上、情感上无以沟通、无寄托、无人理解与认同的感觉。这种感觉会让孩子心情忧郁,情绪低沉。同时,对孤独的体验和玩味也会使孩子富有个性,善于思索,走向心理成熟。这就需要孩子战胜孤独,超越孤独。

1.对孤独的认同和接纳

孤独是每个孩子心理成长过程中不时光顾的朋友。从未感受到孤独的人是不健全的。孩子感受到孤独时,心情一般都是低沉的。此时,如能静下心来,细细疏理自己的情感,审视自己的内心世界,在走出孤独的同时,也会伴随着思想升华。

2.调整心态

在成长的时代,少年的心灵犹为敏感、细腻、丰富,他们渴望被承认、被鼓励、被重视,而孤独感往往意味着这些要求没有被满足。这种缺憾终究会带来对年轻心灵的伤害。那么孩子必须尽快克服孤独,或尽量减少孤独感带来的伤害。要想做到这一点,孩子不能一味等待他人的帮助,而应该自己调整心态,树立新的思想。

3.自信、自立、自强是战胜孤独的三件法宝

因为自信,就不一定非从他人那里寻求对自己的肯定;因为自立,孩子将渐渐具备独立决断的能力,这将使他们从柔弱变得坚强;因为自强,他们将把更多的精力用在刻苦学习、努力拼搏上,而不是总在考虑孤独这个问题——既然这个问题本就不容易想清楚,干吗不把它先搁置一边?它并不是个大是大非的问题啊!

一旦孩子走向自信、自立、自强,他们的心灵将从浮躁多变转为冷静积极,他们将更善于控制情绪和思想。他们会发现,父母将欣喜于他们的成长,对他们的"操心"渐渐变为"放心";周围的同学会以佩服的眼光看着他们,在许多方面征求他们的意见,愿意做他们的朋友。这样,孤独感就不会存在。

4.改变认知方式

许多孩子的孤独感是与自卑联系在一起的。因为害怕不被人理解,害怕与别人不一样,害怕难以融入周围的世界,所以感到孤独。这是自卑心理造成的孤独状态。克服自卑心理是走出此类孤独的关键。自卑心理大多源于歪曲和片面的自我认识。其实,大可不必为自己与别人不同而难过,我们每个人都是这世界上的唯一。当我们怀着一种自信和平等之心与人相处时,就会在交往中少一些疲惫和牵强,多一些轻松和

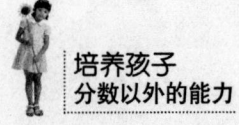

愉快。

5.学会为别人着想，为别人做一些事情

全心照顾孩子的母亲不会感受到孤独，热恋中的情人即使天各一方也不会孤独，因为他们的心思都不在自身。只要花一些时间和精力关心、关注别人，就会在互动的良性人际关系中体验到一种自我价值感而不是孤独。温暖别人的心，也会温暖自己。

6.从根本上超越孤独

一个有追求、有爱的人是不惧怕孤独的。有了明确的人生目标，就会多一些宽容与豁达，就会慢慢培养出淡化得失的心情，就会战胜孤独，超越孤独。

孤僻症影响孩子的一生

现在人们的生活水平比过去大大提高了，很多人都住进了高楼大厦。可是生活条件好了，人们（尤其是处于青少年时期的孩子）的心理障碍也越来越多了。不少住进高楼的孩子患上了孤僻症。

13岁的任志飞是一个很内向的男孩，今年刚上初中。他很孤僻，沉默寡言，对身边的事大多漠不关心。他回答别人的提问，总是三言两语，不肯多说几个字；听别人说话也老低着头，从来不敢接触别人的目光。就连老师给他辅导功课的时候，他也从不愿意和老师说上几句完整的话。

有时，他的存在似乎仅仅占了物理空间，在他身边的人都不知道应该把他当成一件静物，还是当成一个会吃会睡的孩子。他的学习成绩比较差，家教辅导的效果也不明显。从任志飞的表现来看，他得了孤僻症——一种在城市独生子女中很常见的心理疾病。

美国孤僻症协会的研究结果表明，有孤僻症的孩子在2～3岁期间发育相当正常，但他们的语言发展较其他孩子缓慢，在与人交流上存在一定程度的障碍。不过，他们的成长虽然比较迟钝，但是不会对将来的发展造成绝对的障碍。

孤僻症主要有以下特征：

（1）害怕与别人交流，表达能力比较差；

（2）逃避集体生活；

（3）处理人际关系的能力比较差；

（4）任性，有时执拗到一意孤行的地步；

（5）容易无故发脾气，对别人具有攻击性；

（6）凡事以自我为中心；

（7）注意力比较难集中。

产生孤僻症的客观原因往往与城市中的高楼居住环境有关，所以有人又将这种心理疾病称为"高楼孤僻症"。在城市里，越来越多的人们住在悬于高空的楼房里。家庭结构越来越小，可是房子却越来越大，越来越高。在这样的家庭中成长的孩子，很难得到与阳光、花草、土地、昆虫接触的机会，他们的眼睛看到的大多是四角窗户外笔直的高楼和涌动的车流。

"高楼孤僻症"更重要的原因是孩子心灵的窗户被上了锁。像任志

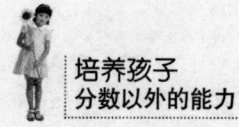

飞这样的独生子女，一出生就是家里几代人手中的宝，"万千宠爱集一身"。因为担心孩子在户外与其他孩子玩耍不安全，或者染上不好的习气，或者被传染上疾病，一些父母就因噎废食，不把孩子送到孩子群中，而把孩子严密置于自己的控制中。有的家长还过分溺爱孩子，凡是孩子要的，即使是天上的星星，也要兴师动众，为孩子摘几颗下来。在这种环境下，心灵被"囚禁"的孩子严重缺乏接触群体的机会，也就严重缺乏与群体交流的能力了，他们的心灵往往只能与自己进行对话，久而久之也就"学会"孤僻了。

"高楼孤僻症"对孩子的成长极其不利。孩子是社会中的一个成员，就应该生活在社会群体之中，如果长期"大隐于世"，就会严重影响身体健康和智力发展。要防止"高楼孤僻症"，家长可以从以下几方面入手：

1.将孩子从封闭的"笼子里"放飞出来

让他与其他孩子一起游戏，一起打闹，让孩子使用自己的语言交流，让孩子成为真正属于他的圈子里的一员。

2.解开孩子心灵上的"锁"

要正确、适当地爱护和关怀孩子，不要让孩子的心里形成"我是世界的唯一"或者"世界上只有我"的概念。要让孩子学会发现别人的存在，学会在与别人的交流中理解别人；要让孩子心中形成一个有很多人在一起的"众人世界"，知道有许多人需要自己帮助和可以帮助自己。

3.鼓励孩子参加集体活动

有一些生活实践的经历，孩子会对生活有更直接的认识，他会从自己参与过的小活动中感受到：自己和别的孩子一样，既有自己的长

第六章 培养孩子告别心理危机的能力

处，也有自己的短处；把自己会的东西教给别人，也向别人学习自己不会做的事情。如果他在学习的过程中取得一些小小的成就，就会极大地增强他的自信心，使他更乐观、更有勇气去与别人交往和参加集体生活。

第七章 成长总伴随着烦恼

孩子在成长的过程中,总会给父母带来这样或那样的烦恼。给父母带来烦恼的行为,有时是孩子的天性,有时是孩子后天模仿他人而形成的。作为父母,当孩子养成不良习惯时,要耐心地去教导孩子,让孩子知道哪些行为是正确的,哪些行为是错误的。只有这样,才能把孩子身上的那些不好的行为或坏习惯慢慢从他们身上去除掉,才能培养出其他好的能力。

帮助孩子改掉不良的生活习惯

孩子的许多不良习惯都是在不自觉中形成的。一旦形成,如不及时加以纠正,重复出现一次便是一次强化,慢慢便会成为极难改变的恶习,到了成年再想去改变就很难了。不良习惯会给人一生带来许多不利,不仅妨碍工作和生活,还会损害人的形象。孩子年龄尚小,可塑性大,是培养良好习惯的好时机,也是纠正不良习惯的好时机。

一、不良习惯的危害

不良生活习惯主要表现在以下三个方面:

1.生活能力脆弱经不起风雨

为孩子的将来着想,父母一定要帮助孩子深刻认识不良生活习惯的危害,必要时可通过制订家规来约束孩子的行为,并且要采取有针对性的措施,及时制止孩子的错误行为。

巴西球王贝利童年时曾染上吸烟的恶习。有一次,他正在抽烟,看见父亲过来了,吓得他把烟头捂灭了。然而,父亲却像老朋友似的对他说:"你踢球有点儿天分,要是吸烟损坏了身子,球就踢不好了,这事你自己决定吧!要是你还要抽,最好抽自己的,老讨别人的烟很丢人!"说着把仅有的几张钞票递给了他。小贝利感动极了,从此他在绿茵场上驰骋几十年,再也没有吸过一根烟。

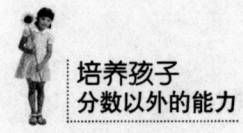

不良生活习惯一旦形成，就会反复地出现。为此，家长应当采取一些具体的措施来帮助孩子克服。如花钱无度的孩子要钱时，必须问清楚用途和数目，再决定给不给和给多少，过后还要追问孩子是怎样花钱的，并且收回孩子剩余的钱。让有严重不良生活习惯的孩子到较艰苦的地方去锻炼，更换其居住、生活的条件，也能促使他改掉坏习惯。现在北京等大城市的不少家长，把孩子送到条件艰苦的县城求学，不能不说是一种明智之举。

2.精力分散导致学习受干扰

孩子应当通过学习、游戏、锻炼身体、劳动等活动全面发展自己的身心素质。而有好吃懒做、看电影和玩电子游戏入迷等不良生活习惯的孩子却没有心思去做应该做的事情，反而对那些低级趣味的活动津津乐道、兴致盎然。他们没有理想、追求，价值观念混乱；他们没有心思学习，多数是学业上的落伍者。

3.身体受损害导致精神不振奋

孩子的身体发育是有规律的，人体自有"生物节律"。可是有爱睡懒觉、挑食等不良习惯的孩子却根本不顾身体发育的需要，随心所欲，以致身体素质差、精神萎靡不振、烦恼和失望时时相伴，贪婪症、焦虑症等随之而来。

二、这样做帮孩子改掉不良习惯

娇生惯养是孩子养成不良生活习惯的直接原因，因此家长必须注意改进家庭教育的方法。

1.帮助孩子认识不良生活习惯的危害

一般来说，有不良生活习惯的孩子都没有正确的生活价值观，他们觉得生活就是享乐，怎么样舒服、快活就怎么样做。有的甚至自以为了不起，别人都是傻瓜，对于成年人的批评毫不在意。不改变这种错误认识，就不可能改正不良习惯。为此家长要注意用生动、具体的事例说明不良生活习惯的危害，真正打动孩子的心灵。民间有一个故事很能说明懒惰的危害。

这个故事说的是一对兄弟非常懒，整天什么事也不做。他俩长大后，父母要他们到外地投奔一个亲戚，行前父母烙了许多圆饼套在他们脖子上，叮嘱他俩途中饿了就吃饼。可这两个懒汉半路吃完了嘴下边的竟不知挪动一下圆饼，结果被活活饿死。

许多孩子听了这个故事，都深受教育。当然家长如果采用现身说法教育孩子，效果就会更好。

2.通过制订家规来约束孩子的行为

孩子自我控制能力较弱，对于有的已经改正的坏习惯还可能再犯。为了巩固孩子纠正不良生活习惯所取得的成绩，促使其沿着正确的方向不断进步，父母可以制订一些家庭生活规范，使孩子的行为有所约束。

其实卞迁的不良习惯也很多，例如在小学期间，他往往边吃饭边看书，既耽误了时间又影响了消化，怎么劝说他也不能彻底改变。一时改了，过时又犯，有时把我们气得直发火，但他仍我行我素。这说明在这方面他已养成一种很坏的习惯。后来我们全家一起讨论这个问题如何解决，卞迁说，他也想改，但一吃饭就想着先拿一本书，不拿书就不想吃饭。我们指出这种坏习惯既影响消化又损害眼睛，读书

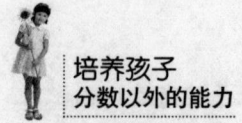

**培养孩子
分数以外的能力**

效果也很差,必须彻底改变。我们一起制订了整改时间和方案,限他1个月必须改变,否则以后再也不购买新书了。卞迁爱书如命,每个月都要多次逛书店购买新书,玩具不买可以,零食不吃可以,书不买他是怎么也受不了的。为此他下决心改正边吃饭边看书的坏习惯,我们也按约定1个月未购买新书。卞迁通过1个月的锻炼,终于改变了这一坏习惯。再就是他吃饭剩碗底,不管饭多少,都是那样。我们正确引导他,指出粮食来之不易,并用一些具体事例开导他,使其认识到粮食的宝贵,浪费粮食就是犯罪。在这个基础上我们制订了严厉的规定,如果剩饭,再吃饭时必须先把剩饭吃掉,否则不能吃新做的饭菜。他的这种坏习惯经过一段整治也改变了。还有一些,诸如每天不能按时刷牙、走路爱踢石子、不按时洗澡、随便弄坏钢笔、乱撕作业本等坏习惯,也通过制订家庭规范给予限制,并坚决让其改正,做好了就及时表扬。

家规的制订要发扬民主,由全家人讨论制订,对孩子既要有约束作用,又要符合实际情况,使孩子经过努力可以做到。

家规制订出来后,一定要严格执行,定期总结,还要在执行家规的同时,改善家庭的软环境,家庭成员之间要互相尊重,互相关心。

帮助孩子改掉买东西的坏习惯

林林才上小学二年级,但是就已经不把父母的话当一回事,真是叫他的父母伤透了脑筋。

他最近又吵着要爸爸买一些电子游戏的软件,只要爸爸说"不行",他就咄咄逼人地问:"为什么不行?你说出理由来呀!"

爸爸生气地说:"当初不是说只要买5个就好了,何况已经给你买了6个了。"

可是,林林根本不听爸爸的道理,他又辩解说:"那个时候大家都只有3个,但是现在有二十几个都算不了什么……"

面对林林的歪理,爸爸真不知该怎么应对。

通常在父母说"不行",但孩子不愿理会而继续吵着非买不可的情况下,父母心里虽然十分不愿意,但是实在拗不过孩子,还是会边嘀咕着边将东西买下来。

这就是典型的拒绝型父母,虽然嘴巴说"不行",但是没有实际贯彻。

当你说"那个东西,不行",而孩子反问你"为什么不行"的时候,你就要将理由十分明确清楚地告诉他。例如"上次买的时候,已经说得很清楚,这是极限,不会再多买了,不是吗?所以不能再买了"。

然而,吵惯了的孩子可能就会说"但是阿金买了新的呀!我和他约好

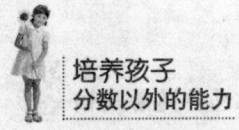

要交换玩的,要是我没买,阿金就不愿意和我交朋友了,所以一定要买"诸如此类的理由。不需要为了说服他,再多说别的理由,你所要做的就是去了解他的感受:"原来如此,你已经和阿金约好了。"然后,像这样慢慢地将你确认的情况清楚地说出来:"但是爸爸已经告诉你不能再买,所以你就没办法实现对朋友的承诺,这就是你觉得很困扰的原因。这件事真的很棘手呢!"

要以不带一丝嘲笑的态度,很严肃、很认真地和他讨论这个问题。通常孩子会提出这样的反驳,"既然你已经知道我的难处,你就应该买给我才对呀"。这时候你应明确地告诉他:"我知道你认为这样说,即使不合理我也得买给你。但是,我已经说过不买了,如果不能坚持的话,那么我就是说话不算数了。而你的心情我是能够了解的。"

在不发生冲突的情况下,对说不就不的父母亲而言,必须做到的就是努力冷静地抚平孩子们遗憾的感受,以及帮助孩子度过自己心中的挣扎。

"为什么不行,为什么?是什么原因?"当孩子这样问,而你又不想让他知道原因时,你可以这么说:"啊!等你到了三四十岁的时候,自然就会明白了。现在你还太小,所以不会明白的。这是父母的经验,你不需要明白,不行就是不行。"

孩子在当时可能会很生气,但是你在他心中的定位,已经是个慈祥又严格的家长了。

帮助孩子改掉任性的毛病

孩子的任性让家长们大伤脑筋。那么,什么是任性呢?任性就是由着自己的性子来,不管自己的需要是否合理,想要什么就要什么,想干什么就干什么,任何人的劝告和阻拦都没用。

任性的孩子有时也非常乖巧、听话,可是一旦稍不如意,就又哭又闹,使性子,发脾气,家长怎么哄劝也无济于事,于是只好"投降"。可是,向孩子妥协只会使孩子的任性表现更加频繁,更加严重。

一、任性的成因

和一切事物一样,任性对孩子的健康成长也有积极和消极两方面的意义。任性的孩子确实存在着严重的以自我为中心的心理,如果不进行教育,它可能发展为自私、放纵、固执等不良性格。而有些孩子某些行为表面上看似是任性,实质上则是独立性和意志力坚强的表现,或是当孩子正当的要求受挫后所产生的一种合理的反抗情绪。在这种任性中当然包含着合理的心理因素,如果引导好就可以发展为独立性强、有创造性、有主见等良好的个性。

一个1岁的孩子每次吃饭都要抢着自己拿勺吃,不依她就又踢又闹,连吓带哄都不行。

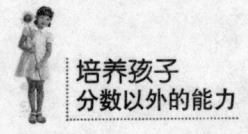

**培养孩子
分数以外的能力**

一个5岁的孩子把姐姐的手抓伤,爸爸用竹鞭逼着她:"是向姐姐认错,还是伸出手来?"结果她就是不认错,被打完左手再打右手,始终不哭。

前一个孩子的任性中含有独立性的萌芽,后一个孩子的倔强中又包含着任性的成分。

任性和独立性,任性和倔强常常这样混在一起很难区分,它们之间只是一步之遥。独立性是孩子成长中的合理的心理需要,大人如果阻止他,就是低估了孩子的积极性和能力,不但对孩子成长不利,反而会助长他"你要他干他偏不干,你不让他干他偏要干"的这一非理性意志。

任性不同于独立性,大人如果无原则地迁就孩子,不但不会促进孩子的独立性,反而会滋长任性。倔强是明辨是非的坚韧和勇敢,其中蕴含着独立性的因素,它是一个人最可贵的性格品质。

心理学家在2～5岁学龄前的孩子中挑选了100名反抗性较强的孩子,以及100名几乎看不出反抗性的孩子,对他们进行直到青春期的追踪调查。结果反抗性强的孩子中,有84人意志较坚强,有主见,有独立分析和评判事物并做出决定的能力。在反抗性弱的孩子中,只有26人意志比较坚强,其余的遇事不能独立承担任务,做出决定。

可见孩子从小倔强、富有反抗性是很可贵的品质,有助于独立性发展;只要我们善于疏导,就能使任性的发展趋势转化为孕育独立性的良机。培养孩子的倔强性格和坚强的意志品质,关键就在于我们的疏导和教育。

心理学家告诉我们,孩子个性的某些不良表现,同家庭环境和家庭教育密切相关。在训斥、打骂或溺爱气氛中成长的孩子,他们的性格不是优柔寡断、无所适从、逆来顺受，就是固执、任性、刚愎自用。而在民主气氛中成长的孩子，其性格表现为开朗、温和、活泼、愉快，很少任性。因此建立一个和谐的民主型的家庭对孩子健康成长极为重要。

二、帮孩子改掉任性

针对孩子的任性，父母采取以下对策，就可以改掉孩子的任性，从而使孩子养成好的品性。

1.设法让孩子认识自己的任性行为

比如，可以让一个任性的孩子去照顾比他更小的孩子。一个6岁的孩子在照顾一个3岁的小不点儿时，无论如何是要迁就对方的。小不点儿的任性一定会给他深刻的感受，使他认识到任性有多么糟糕，给别人造成多少麻烦。于是，不用大人教导，他也会慢慢收敛自己的任性。

2.父母决不姑息迁就

当孩子在使性子、发脾气、又哭又闹，非要买一样东西或办一件事时，如果父母认为孩子的要求是过分的或不应该的，那么这时切不可姑息迁就，而可以采取"冷处理"的办法。这时可以对孩子说："爸爸妈妈认为你的要求是不合理的，所以不能答应你，你再哭再闹也不行，你应该好好想一想。"然后把孩子放在一处安静而又安全的地方或屋子里，父母干自己的事，对孩子暂时性地不予理睬。孩子的哭闹主要是做给大人看的，如果发现哭闹不能令大人妥协，那么他慢慢就会平静下来。这时父母可以给他讲道理，让他明白自己的错误。这样，孩子就会慢慢改正任性的习惯。

3.防患于未然

父母都非常了解孩子的性格特点，一般都能估计到孩子在什么情况下

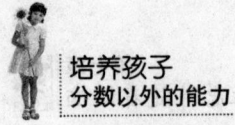

可能会表现出任性行为,在孩子表现出任性行为以前,父母就应该采取措施预防。

比如丹丹的爸爸妈妈已经给她买了许多玩具,可是她一见到小朋友的新玩具,就闹着一定要爸爸妈妈给她也买一个。这天,丹丹要到小朋友家去玩,出门之前妈妈告诉她:"如果你在小朋友家看到喜欢的玩具,可以回来告诉我们,如果我们觉得应该买,就会买给你。但是,如果我们认为用不着买,那不管你怎么闹我们都不会买的。"事先提醒孩子,任性是不会达到目的的,可以使孩子进行自我调节,在一定程度上控制和防止任性行为的发生。

4.采取"有原则的放任"

一方面,根据孩子的特点让其自然发展,充分发挥其特长,具有一定的宽容性。另一方面,绝不放任自流,娇惯孩子,使其随心所欲。

宽容是对孩子的一种信任,承认他们是有各种感情愿望的独立人。纵容则是容许孩子有不良行为,它只会给孩子带来奢求,增加孩子对不合理权利的需求。

在民主型的家庭,父母对孩子的良好行为总是给予鼓励和支持,对他们正当的要求给予肯定和满足;对孩子不正当的要求,则耐心地做出解释,因势利导地加以制止。孩子想用剪刀,家长就教他怎样用,不会生硬地把剪刀夺过来,对他痛加呵斥。

帮助孩子改掉撒谎的不良习惯

生活中，常会看到一些很小的孩子，会装作一副很认真的样子对大人说谎话，让人又气又笑。为什么这么小的孩子就会撒谎呢？大人和孩子都会自我保护。承认自己的错误是很难做到的！有时孩子为了避免父母生气，会把过错推到其他人或物上。

孩子撒谎很重要的一方面是父母造成的。在日常生活中，家长常常为了诱导孩子做一件事，就漫不经心地许下诺言，而事后就忘记了，使孩子的希望落空，感觉父母在欺骗自己，在向自己撒谎。最普通的情形就是为了鼓励孩子努力上进，有时就不择手段，随口说："好吧，考了第一就给你买个照相机。"放榜时孩子真的考了第一，但父母可能由于经济限制，也可能因为其他问题，总之用很多理由拒绝履行诺言。做父母的不肯承认自己许下过这个诺言，推说自己没说过，是孩子听错而已；或干脆教训孩子努力读书是他自己受益，有没有奖励没有什么关系，而且那些诺言只是引诱他勤奋读书而已，他不应为了奖励才努力用功。孩子因愿望没有实现当然会感到失望，并会因父母的欺骗而愤怒。此外，他还得到多种经验，那就是：

（1）父母在对自己撒谎，自己被欺骗了；

（2）父母说话和行为不一致；

（3）撒谎是被容许的；

（4）为了要达到某种目的，夸张一点儿说话也无妨；

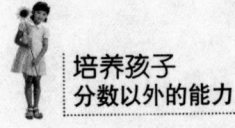

(5) 父母是会失信的,以后不能尽信他们说话。

孩子的行为和思想受家长的影响很大。由于孩子会对父母产生一种爱慕心理,所以下意识地就会模仿父母的动作,吸收了父母的思想,学习了他们的处世态度和社交仪态等。

一、孩子撒谎的原因

1.逃避惩罚

孩子做错了事,往往自己也知道错了,但有些父母脾气暴躁,习惯于惩罚孩子。孩子有了经验,便会设法把错误转嫁到替罪羊:明明是自己打碎了茶杯,却推说是其他小朋友打碎的或者是小猫小狗弄的。

2.为了在小伙伴中拔高自己

孩子在交往中发现,有新奇玩具的小伙伴,或者家庭富有、穿着漂亮、可四处旅游的小朋友是大家注意的焦点。于是,为了抬高自身的地位,孩子也吹嘘自己拥有子虚乌有的经历、物品。有些孩子的撒谎则可归因于父母。父母对孩子的诚实言行非但没有予以赞扬、鼓励,甚至予以指责。比如客人来访,丈夫不愿接待,就叫妻子去说"我先生不在家"。可孩子却不明就里,实话实说"我爸爸在房间里,他不出来",弄得父母难堪,事后就责备孩子;假如孩子帮着父母圆谎,"爸爸出差去了",倒可能受到表扬。这类撒谎看似无大碍,但孩子积累了经验:说实话挨骂,说谎则可平安无事甚至得到奖励。日后,他就可能开始依据大人的喜好来做事以获取好感,避免批评。

3.为了维护自尊心

稍大的孩子的自我意识、自我评价的能力逐步形成,他们很注意父母、老师对自己的评价,赞扬的话会使他们心花怒放。对于批评的语言,特别是当有外人在场或者集体场合，他会觉得大人不顾自己的面子而拼命加以否认。

4.害怕失去信任

有些孩子闯下祸后，知道闯祸的分量，比如打碎了父母珍爱且不许他玩弄的珍贵器物，事后又害怕又内疚，担心失去父母一向的信任和爱护。"爸爸妈妈不喜欢我了"，这是孩子最恐惧的事情，于是他就开始编造谎话。

二、帮孩子改掉撒谎时需注意的事项

1.顾及孩子的自尊心

不要在公众场合斥责他，更不要苛责他，嘲笑他。一旦孩子说出真相，在适当予以指正的同时，还要给予鼓励。对于因恐惧而撒谎的孩子，做父母的则应反省自身的态度，不要在情绪激动的情景下追问孩子，待到情绪平静下来，再认真和善地对待孩子。

2.问问自己，孩子是否想知道真相

对于一些敏感问题，父母可能会给予孩子含混不清的信息。你不妨问问自己，孩子是否能够承受知道事实的后果。

3.向孩子展示达到目标的其他方法

孩子说谎有时是因为他们不知道怎样回答才好。这时应提醒孩子想想在不伤害自己和别人的前提下，有什么别的方法可以更好地处理这一问题。

4.循循善诱对症下药

一旦发现孩子撒谎，家长不要暴跳如雷，硬逼着孩子坦白，也不要严厉批评或惩罚。英国心理学家基纳特曾经说过："撒谎是说真话遭到训

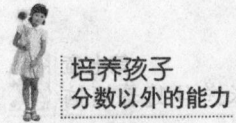

斥的孩子在心理上解脱自己的避难所。"实施家庭暴力只会适得其反,让孩子从一个极端走向另一个极端,为了保护自己不再受伤害而继续选择说谎。家长更不应明明知道孩子在撒谎,却因为是一些小事而不制止,反而觉得有趣,这种态度只会强化孩子的撒谎行为。家长应寻找多种途径努力使孩子不再出现类似的事情,多与老师沟通,对孩子循循善诱,一齐帮助他认识说谎的危害性。可以通过讲一些有趣的故事灌输正确的思想给孩子,如《狼来了》《诚实的孩子》等,让孩子从中受到启发;可举学校中拾金不昧的事例来教育孩子……在与孩子对话的过程中,家长还要注意运用艺术的语言,这样可以收到事半功倍的效果。如孩子因在外玩耍回家很晚而撒谎说去同学家做作业,你可以告诉他为什么你要知道真相,要他记住,撒谎只会害己,如果下次不能准时回家,要让家人知道,否则家人会很担心的。

在孩子承认说谎不对,表示今后改正后,家长应当表示欢迎,表示深信他会改正,成为一个受大家欢迎的诚实的人。

帮助孩子改掉偷窃的恶习

一天,正上小学六年级的小文偷了奶奶400元钱,和朋友一起出去购物、娱乐,一天之内就把所有钱都花光了。在他爸爸大发脾气,又打骂又威吓的情况下,他才说出实话。这已经不是第一次了,有好几次他从妈妈的钱包,还有爸爸的公事包里偷钱出来。他的父母特别怕他去偷拿别人的东西,这件事使他的父母担心得晚上都睡不着觉。

第七章
成长总伴随着烦恼

偷窃的恶习，是不是与生俱来，无药可救？

偷窃的恶习，就像文字上的意思一样，它是一种坏习惯。坏习惯也是一种习惯或习性，绝不是什么与生俱来的天性。

显然，小文父母的这种打骂外加威吓的教育方式是不可取的。因为这样会让父母和孩子之间的关系僵化，使彼此之间的关系更加恶化，所以千万不可用这种方式逼孩子说实话。

"你是个坏孩子"或"无可救药的家伙"等诸如此类的咒骂斥责，是绝对不可取的。

习惯或习性，并不是与生俱来的天性，所以绝对是有药可救的。

只要养成好习性，原本不好的习性就自然会被掩盖得无影无踪了。所以目前要做的就是冷静地从日常生活中推动、着手。

不管怎样，最好不要用"偷窃的恶习"这种字眼，尤其是在孩子的面前，最好别再用这种名词。不管是盗窃或是偷窃，都不要用比较好。

在一连串的责骂声中原本三缄其口的孩子，这时候通常不会再低头不语，反而会以"那是因为你们什么都不买给我"之类的话来反驳。这时候，要改变对孩子说话的方式——"一不小心就做错事了吧！现在明白了吗？小文，你的意志实在不够坚定啊！做了这件事，自己一定也觉得很遗憾吧！感到难过的也一定是自己，明白了吗"。

听到家长说这番话，孩子的心里会觉得很温暖，明辨是非的良知也会渐渐地觉醒，最后自然就会说出"我知道我错了……"。但这时候家长别再说："知道是错，为什么还要做……"之类的话，而应该告诉孩子："知道是不对的事，那就是明知故犯了。这样的话，我相信你现在的心里一定很难受吧！"

然后，为了慎重起见，要很明确地将事情的严重性再对孩子做一次说

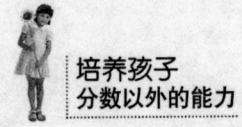

培养孩子
分数以外的能力

明:"东西是谁的,是别人的,还是自己的,社会的形成就是奠定在这个区别之上,这是非常重要的啊!如果每个人都弄不清楚东西是别人的还是自己的,彼此之间就会产生怀疑与不信任,这么一来,大家都会变得很孤独。"

然而,小文也可能会随口说出:"你们不是也老怀疑我,防着我吗?"

这时候,父母就必须诚恳明确地告诉孩子:"我一直不了解你的感受,原来你自己也一直很难过,这是爸爸妈妈的疏忽。以后我们会改,从现在开始也不算晚。"

只要做好心理沟通,孩子就会在乎自己未来的表现,当然也会远离恶习了。

帮助孩子改掉暴躁脾气

有不少家长都抱怨家里的孩子脾气太暴躁,只要有什么不合自己的心意,就大吵大闹,父母哄也好,劝也好,甚至于打骂都不管用,这样的孩子总能跟父母对抗上老半天。父母因此而感到心烦不已。

作为父母,总希望自己的孩子乖顺听话,而一旦面临孩子的好动,或动不动就乱摔东西、大吵大闹等可怕情形时,父母多半会感到惊慌失措,手忙脚乱。因此,我们要了解孩子产生暴躁脾气的原因。

一、孩子产生暴躁脾气的原因

1. 需求没有得到满足而发脾气

由于家长的溺爱,有的孩子稍不如意便大哭大闹,此时家长决不要让步，不然会助长孩子的脾气。最简单的办法是把他单独放在房间里，做短暂的隔离，冷落他一会儿，让他有时间冷静下来重新考虑下一步怎么办。即使在外面也一样。如此反复几次，孩子就会感到自己发脾气、哭闹都毫无意义，得不到家长的注意，得不到自己想要的东西，慢慢地就不再乱发脾气了。每次发作平息后，家长要记住为孩子讲道理，及时进行教育。要告诉孩子刚才的行为是不好的，采取发脾气的办法要挟父母满足自己的需求，是达不到目的的。要让孩子知道父母还是爱自己的，只是不爱自己的撒泼行为。这样既可以教育孩子今后不再乱闹，也可以避免孩子疏远父母。

2. 由于受忽视而乱发脾气

对于这样的孩子，要安抚他们并转移他们的注意力。孩子越小，情感越不稳定，注意力也越容易转移。当孩子不愉快时，要采用活动转移法，让他们在游戏活动或体育活动中宣泄内心的紧张。比如，孩子想妈妈了，而妈妈加班还未回家，孩子委屈得不得了，乱扔东西，怎么劝都不行。这时，家里人可以有意识地提起孩子平时最感兴趣的一件事，转移孩子的注意力。例如，给孩子讲个爱听的、好玩的故事，或者带孩子去玩最喜爱的荡秋千游戏，等等。一定要从爱心出发，从感情上安抚他，哄劝孩子不哭；要有耐心，千万不要训斥指责，更不能动怒打骂。否则，孩子的脾气只会愈演愈烈。

3. 由于不被理解而发脾气

3岁以上的孩子已经有了自己的思想，对某一件事也有了自己的看法，家长一定要给孩子提供充分表达内心想法的机会。有时候当孩子喋喋不休地向家长讲述某件趣事时，家长们却常因忙于自己的事情，只是漫不经心地点点头或哼哼两声，那么孩子会十分恼火的。所以，家长不妨暂时放下手中的事务，以专注的神情倾听孩子的话语，以欣赏的态度理解孩子

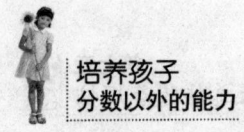

的话语，并饶有兴趣地和孩子聊一聊，说一说，那对孩子将会是莫大的支持和鼓励。

4. 因为不能延迟满足而发脾气

多数学龄前的孩子对于自己想要吃的或想要玩的东西根本没有耐心多等待一会儿，尤其对于就在眼前的诱惑物。曾经有过一个心理学实验，要求幼儿等待15分钟作为取得好吃的糖果的条件，否则，只能得到不好吃的糖果。结果，幼儿的表现依实验条件不同而变化：糖果不在眼前时，幼儿坚持等待的时间最长；有一种糖果（好吃的或不好吃的）在眼前时，幼儿能等待的时间减半；两种糖果都在眼前时，幼儿等待的时间最短。说明幼儿对眼前的诱惑物不易抵制，自制力比较弱。因此，作为家长，一定要有意识地在平日里训练孩子的延迟满足能力，从一件件小事做起，不要让孩子学会，只要是我想要的，爸妈都会立刻满足，形成一种要风得风，要雨得雨的感觉。这样当孩子偶尔不能如愿以偿的时候，就容易大发雷霆。

二、帮孩子改掉暴躁脾气

在帮助孩子改掉暴躁脾气的过程中，家长还要注意自身的言行。家长的言行是孩子行为的一面镜子。

1. 家长的教育态度要一致

当孩子发脾气时，成人千万不要形成几派，有人不理睬，有人去哄劝，有人离孩子而去，还有人跑到孩子面前讨好，更不要当着孩子争论。成人彼此之间一定要沟通好，一旦孩子发作，全家人采取一致的态度。否则他就会更加哭闹不止。

2. 家长切记自己不要经常发脾气

有一次在商场的玩具部我看到了惊心动魄的一幕。有个妈妈突然抬高声音说:"上个星期刚买过,又要买。"俨然在告诉大家,我的孩子不讲理,我不给他买的原因是刚买过,不是不给他买。我觉得这个妈妈有点儿心虚,不给孩子买玩具有什么丢脸的?不买就是不买,给孩子讲清道理就行了。可她的方法有点儿走样,而孩子又非要不可,她就拖着孩子向外走,孩子则闹着往里拽。妈妈大发脾气,啪啪打了孩子两下,孩子哇地哭了起来。于是,这个妈妈不由分说拖着哭着的孩子慢慢消失在人群中了。有这么一个"好发脾气"的妈妈,不想让孩子发脾气都难。

帮助孩子改掉沉迷电视的不良习惯

对当今的中小学生而言,电视、书报这两种媒体都不失为他们课外获取知识和培养乐趣的好渠道。但在课余时间里,几乎很少有孩子能经常读课外书,看报纸,更谈不上有计划、有目的地每日挤出时间读书看报,而多是沉溺于电视节目之中。有些孩子一到家,丢下书包就打开电视,把学习、读书抛在脑后。有的家长对此根本不加限制,或是限制不了,只好顺其自然。这显然不是一种好现象。

一、沉迷电视的危害

孩子花这么多时间看电视,对他们的情感健康会有怎样的影响?因为这是一种被动的活动,而且电视中有很大比例的节目是不适宜孩子观看的。

看电视会使孩子远离那些更富于创造性的休闲活动,诸如阅读、交谈、玩游戏或者只是做白日梦,它是否会抑制孩子的想象力和创造性?或

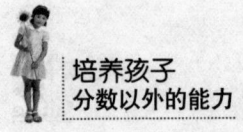

**培养孩子
分数以外的能力**

者实际上它能以不同于其他活动的方式激发孩子的想象力和创造性?

这些问题多半难以得到明确的答案。看电视无疑是一种被动的活动,它的确会导致孩子在生理上和情感上毫无生气。但它也是一种很容易使人平静下来的活动,它鼓励不安的和不遵守规矩的孩子放松和集中注意力。看电视当然会减少孩子们用于其他能丰富他们情感和智力的活动的时间,但它也不一定就是浪费时间。孩子除了可以通过新闻、纪录片和信息类节目拓宽自己的知识面外,他们还能通过参与电视戏剧、喜剧和电影来锻炼自己的头脑和情感。

不过,研究过电视中的暴力影响的儿童治疗专家和心理学家越来越肯定,这种影响主要是负面的。具体地说,他们关注的是以下这些趋势:

无论孩子玩游戏还是严肃地看电视,他们都可能模仿电视中的暴力行为。

孩子们倾向于认同特定的受害者或者伤害别人的人,而且可能在真实的生活环境中把这些认同付诸实施。

孩子们亲眼看见这么多暴力形象后,就会变得对于残忍的事件不再那么惊骇了。

孩子们可能把暴力看作可以接受的行为模式,甚至是解决他们问题的方法。

二、让孩子不再对电视痴迷

按照下面的建议去做,你就可以防止看电视占用孩子过多的时间和精力。

1.制订孩子每天看电视的时间限制和条件

对一个普通的中小学生而言,花三个半小时来看电视浪费的时间太多了，这样做家庭作业、做家务、读书、独自玩耍或者和他人交往的时间就很少了。一个小时——或者在某些特殊的场合两个小时——是更为恰当的时间限制。如果看电视意味着没时间做作业或者家务的话，就不应该允许孩子看电视。

无论你制订的时间限制是多少，都要非常具体，比如，晚上7：00到9：00。如果孩子想在某次延长时间，要事先和父母商量，而且必须是因为有着特殊价值的特定节目。

另一方面，记住你的目的并不一定是尽可能地让孩子少看电视，而是说电视节目必须是对孩子特别有益的，不仅能够为孩子提供娱乐和信息，而且还能为他提供和同龄人共同分享的领域。不要对所有的电视节目都产生怀疑，而是要预防那些会对你孩子的生活产生负面影响的节目，并且要防止看电视占据了孩子过多的休闲时间。

2.不允许孩子看令人讨厌的电视节目

按照实际的可行性，帮助你的孩子事先安排好要看的电视节目，一定要避免你认为暴力过多的、有挑逗性的和过于紧张的节目。如果你事先没有计划，那么就问问孩子他那天将要看的节目，对引起你注意的节目加以甄别——播放之前或者播放的时候。

如果你发现孩子正在看你认为暴力过多的、有挑逗性的和过于紧张的节目，要向他表达出你的关注，并要求孩子选择另外的节目，或者不看电视而进行其他活动。如果你的孩子拒绝这样做，你要毫不犹豫地更换频道，或者关掉电视。

3.向孩子建议或者安排一些可以替代看电视的活动

只是减少孩子看电视的时间，却不提供可以替代看电视的活动，就只会导致和原意相反的结果。如果没什么其他事可做，孩子就会怀念电视，

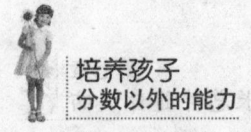

就会更加看重电视。

除了建议你的孩子玩玩具、培养某种爱好或者独自做某些令人快乐的事,你应该尽量提出一些你也可以一起参与的有趣的活动。比如,你们可以一起做游戏、做做家务或者去散步。

4. 帮助孩子区分电视中的和真实生活中的事件

你和你的孩子在电视中看到暴力攻击性的行为时,一定要你的孩子把注意力放在这些"行为"是在舞台上演出、包含演员及道具这一事实上,澄清任何不是真实的情况。比如,电视中暴力的受害者一般比真实生活中暴力的受害者恢复的可能性大,恢复的速度也快。

同时,如果合适的话,要注意区分电视中描绘的非暴力情况和它们在真实生活中的对应物。比如,如果你的孩子提及电视连续剧中的父母,认为他们比你有趣,也比你聪明,你要指出连续剧中的父母并不是和电视里的孩子真正生活在一起,是剧作者把他们联系在一起的,同样的场景他们排演了很多次,直到一切无误为止。

5. 改变自己看电视的坏习惯

通过采纳以下这些措施,树立看电视的良好榜样:

(1) 尽量减少你每天看电视的时间;

(2) 让你的孩子看看你事先如何选择具体的节目,而不是仅仅通过调频道来指望找到最好的节目;

(3) 不看节目的时候不要开着电视;

(4) 避免看暴力节目,至少是在孩子在家的时候;

(5) 避免在电视前做其他事情,这样会暗示电视是一个良好的活动"背景";

(6) 除了总是看电视外,和你的拜访者做些其他事。

6.不时地尝试一下"没有电视"的夜晚。

如果看起来不合适——也就是说,电视中没有什么节目特别有趣,而且你还能够提出可替代看电视的活动——就试着提出"没有电视的"夜晚。你一定要故意提出把这个夜晚作为"没有电视"的夜晚,那么你的孩子只是因为没有看电视就会有一种成就感。在你们有个晚上或者好几个晚上看电视的时间都过长之后,特别适合这么做。

培养孩子爱做功课的习惯

每一个家长在遇到孩子不爱学习、不愿做作业的时候,都不能只是一味地责骂和愤怒,而应该认真分析,和风细雨,对症下药。

一、孩子不愿做作业的原因

1.很多地方不会做

家长要帮助孩子分析问题,攻克难关。如果家长能够帮助孩子解决问题就应该及时帮助孩子解决,如果做不到的话,也应该对孩子的问题做出积极的回应,引导孩子求助于同学或老师等。

2.对所学的科目缺乏兴趣

那么,家长就应该从培养孩子的兴趣入手,帮助孩子树立起学习该科目的信心,让孩子更好地投入到学习之中。

3.学习环境不好

这就需要家长为孩子创造一个安静的学习环境,以使孩子集中精力高效地学习。

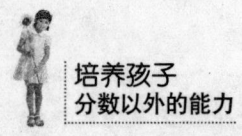

4. 惦记着别的事

这就需要家长在平时注意有意识地对孩子加强注意力的训练,使孩子能够专心学习。

5. 对家长有意见或反感

需要家长走近孩子,走进孩子的内心世界,与孩子做心灵的沟通,消除孩子的这种不良的感觉。

6. 对老师有意见或反感

家长同样需要与孩子就对老师的意见进行有效的沟通,引导孩子主动与老师沟通。

7. 身体健康状况不佳

一方面让孩子加强体育锻炼,另一方面也要注意给孩子加强营养补充。

二、培养孩子爱做功课的习惯

1. 安排亲子沟通时间

孩子希望自己得到父母的关心和爱护,希望被人呵护并和父母亲密相处。因此,父母除了关心孩子的功课外,更要安排时间做亲子沟通,以促进亲子关系。亲子沟通时间可安排在早餐、接孩子放学回家途中或睡觉前等。

2. 先易后难

当孩子做功课时,最好先易后难,一旦开始就被难倒,他也就失去兴趣了。这样有助孩子在做功课时产生成就感,令他对做功课充满信心。

其实,父母在处理孩子的功课问题时,不要单以完成功课为目标,除了要知道问题的主要成因、处理问题的技巧外,最重要的还是对孩子付出爱心、耐心、鼓励及赞赏,这样才可激励子女去做好功课。

3.协助孩子建立良好的做功课习惯

教导孩子在做功课前做好事前准备,先饮水,去洗手间,并把课本、文具全部放在桌上,并通过鼓励让孩子持久地实行。

4.训练孩子的专注力

孩子的专注力会因人而异,亦会随着年龄而增加。父母们若发觉孩子的专注力很短,就要循序渐进地根据现状协助他增加专注力的时间,例如由15分钟增至30分钟,或由30分钟增至45分钟。当孩子连续做功课45分钟至一小时后,可为他安排一个5至10分钟的休息时间。

5.提供一个宁静的学习环境

孩子的注意力容易受四周环境、气氛的影响。当孩子要做功课时,切记要把家中的电视机、收音机关上,并避免其他孩子的嬉戏声、家人的打麻将声打扰孩子。而且,做功课的地方更要光线充足,空气流通。

6.对孩子有合理的要求

父母若发现子女对功课、读书有困难是受到孩子本身的天分、智能影响的,便不应对孩子做过高要求,而应该就着他的兴趣、能力去培养,鼓励他的学习潜质。如果父母发觉孩子本身能力与学校的要求有一段距离,也应考虑为孩子改变学习环境。大多数孩子都想到一个水平高的学校学习,但名校也许真的不适合一些不能承受强大压力的学生。

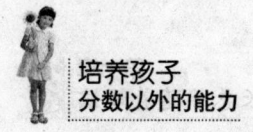

培养孩子
分数以外的能力

培养孩子学会告别敌意情绪

有个家长诉苦说:"我的孩子总是心怀敌意,对每个人都怒目相视,或是出手打人,我感到非常困扰。我曾安慰孩子,也曾重重地处罚孩子,把孩子赶回房间里去……什么方法都试过了,却一点儿效果都没有。"

这位家长讲的情况在众多家庭中也不同程度出现过。这是一种不正常的现象。

怀着敌意的孩子会对玩伴或父母又抓,又咬,又打,甚至拿起东西丢别人。不管是自己或是别人的衣服或玩具,会蓄意破坏。他们对人怀着轻蔑和不信任的态度。

5岁的许愿一被玩伴欺负就会跑到母亲身边告状,因而遭到玩伴们的嘲笑。有时父母不让许愿和他们一起玩。受到了欺负的许愿转而开始欺负他3岁的小弟弟。

幼小的孩子也会效仿家长的行为。如果家长老是嘲笑或处罚孩子,或是父母双方互相讽刺,孩子就会对比他更小的孩子"依样画葫芦"。

心怀妒忌的孩子,认定自己没用,会把敌意发泄在别人身上,尤其是那些被大人钟爱的孩子身上。

第七章
成长总伴随着烦恼

6岁的锋锋,不高兴时就用脚踢他的爸爸或用力打他的妈妈。锋锋的家长无可奈何,每当锋锋要特别的食物、玩具、衣服、点心时,家长无不照办。

父母离婚后,锋锋跟着妈妈,他发现妈妈再也不会如他所愿供给他食物和衣服了,他觉得自己被遗弃了,于是他怀恨在心,将怒气发泄在妈妈和玩伴身上。

这时候家长要做的最重要的工作是:

不要放任孩子破坏东西或出手打人。让孩子修好被他破坏的东西,或是让孩子帮忙家事赚零用钱来补偿弄坏的东西。如果孩子打了别人,一定要他道歉,甚至帮对方做一些事以示歉意。

找出孩子的心结所在,并解释别人会如此做的理由,以化解孩子的敌意。当孩子认为自己没用时,家长就要每天找机会称赞他,和孩子一起工作,一起玩耍,孩子的想法渐渐就会改变。

家长不要树立坏榜样,避免残酷地责备或处罚孩子;不要背后说配偶、亲戚或是邻居的坏话,也不要威胁他人。不要让怀有敌意的孩子变成每件事的替罪羊。譬如说,每当家里有不如意的事情时,家长就嘲弄或是责备这个心存敌意的孩子。

找出孩子怨恨每个人的原因。多观察和倾听,设身处地想一想,然后改变教养孩子的方式,让他不再有妒忌、背叛、不受重视、不为人所爱的心结。当孩子老是破坏东西或是对他人恶言相向时,要和孩子谈谈。

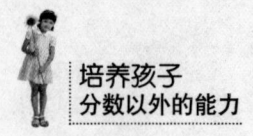
培养孩子
分数以外的能力

帮助孩子告别欺负他人的坏习惯

马可仅仅是个8岁的小男孩,还是个远近闻名的"小霸王",因为时不时有老师和同学的父母向他的父母告状,说他又打了谁,或者是又揪了谁的头发,或者又向谁吐了口水,如此种种。马可的父母为此而头疼不已。

其实像这种情况并不鲜见,有不少父母都反映他们的孩子有欺负他人的行为。对此,父母一定要善于引导孩子,纠正孩子的这种不良行为,以免导致更加恶性的发展。

一、孩子爱欺负人的原因

1.娇生惯养过于溺爱

凡事以孩子为中心,对孩子的要求百依百顺的父母会使孩子从小形成自私、蛮横、跋扈的个性。这样的孩子在与同伴交往中,忘却了社会环境的不同,恃强凌弱,不能协调同伴间的关系。

2.孩子观看那些内容充满暴力的影视片,不能辨别是非好坏,并模仿片中的暴力动作而欺凌弱小。

3.有的家长在待人接物上态度粗暴

有的父母奉行"孩子不打不成人",对孩子态度粗暴,尤其在孩子做错事后，不分青红皂白就大声训斥或狠揍一顿。这样不仅不能达到教育目的，相反在潜移默化中会使孩子也形成蛮横、粗暴的品格，在对待同伴时，表现出爱欺负人的错误行为。

二、当孩子欺负他人时父母如何做

1.要告诉你的孩子其他孩子的权利是什么

不要假定你的孩子已经知道社会行为中正确的和错误的之间的差异。帮助他同情那些同龄人，尤其是那些他似乎特别忽视的。在和孩子谈论这些人的时候，鼓励他想象一下他们的感觉如何，他们想要的是什么，他们应该得到什么。

2.记录孩子欺负他人的行为

比如，你会发现你的孩子在家庭气氛紧张的时候或者处于个人危机（比如学校的失败或者开始一项计划）之中的时候，最容易欺负其他孩子。这些消息可以帮助你更加成功地预防和减少孩子欺负其他孩子的情况，也可以帮助你在这些事真的发生时成功地做出反应。

3.告诉孩子关于社会行为的明确的规则

告诉他任何虐待其他孩子的行为——比如挑起打架、超过于公平限度的嘲弄、威胁会造成某种严重的伤害或者毁坏个人的财物——都是不被允许的。同时，对这种行为要进行惩罚（比如"禁闭"），而且要坚持这么做。

对于欺负他人的孩子来说，最有效的惩罚就是强迫他独自待在一个安静的环境中。一般来说，这种孩子不喜欢孤独或者安静，这也是他和别人交往的时候为什么富于攻击性的部分原因。被迫独自待一段时间不仅能够惩罚孩子，而且从长远来看能增强孩子的自控能力。

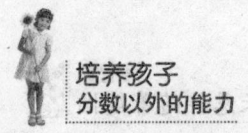

4. 让孩子参与"安全"的活动

鼓励你的孩子参加家庭聚会和有人监护的旅行和体育运动（这在发泄富于攻击性的孩子的过剩精力方面常常很有效）。参与这些活动可以帮助孩子放弃过去的横行霸道行为，最终他将学会如何从合作中获得乐趣。

5. 教孩子如何用更能被接受的行为获得他想要的东西

这需要父母尽可能愉快地教给孩子通过协商而不使用暴力的好处和技巧。对孩子已经遇到或可能要遇到的情形进行演习，让你的孩子交替扮演两个角色。对处于上学年龄的女孩来说，演习特别有效，因为和男孩相比，她们更多的是在言语上欺负他人。

6. 一定要对孩子良好的行为予以赞扬

孩子一般会在没人注意他的时候欺负他人。如果你一直特别努力地因孩子礼貌、合作或者充满同情心的行为而赞扬他，那么他就不需要通过欺负他人而寻求别人的注意。

7. 为孩子树立一个好榜样

确保你没有因自己欺负他人而间接地教孩子这么做。如果合适的话，你同时也可让你的孩子看见你很乐于让其他人按照他们自己的方式去做。

培养孩子不被人欺负的性格

一天，上小学五年级的龚史史回家时，嘴角上流淌着一缕鲜血，小脸蛋上满是泥土与泪痕。他告诉妈妈说，刚才，一个可恶的小孩在回家的路上打了他。还说，有一次那个小孩还在学校操场上将他绊倒，对着他的鼻子打了一拳，而老师却不知道。

冰冰是一名14岁的初二女生，是个德、智、体全面发展的三好学生。可是有一天，她妈妈发觉她愁容满面，问她为什么，她一下子哭了起来。原来，学校有一个男孩只要一见到她，便凑过身骂她："你这个大肥猪，真是丑八怪！"还有许多不堪入耳的下流话。

家长千万不要轻视以上的情况，因为受人欺负可能对孩子产生严重的心理影响：他们常常会变得抑郁、沮丧，甚至认为自己毫无用处……一位11岁的男孩对家长诉说，自己在学校经常被人捉弄、欺负，而家长对此却漫不经心、不以为然。后来父母发现，儿子的学习成绩急剧下降，并开始暴饮暴食以发泄自己的苦闷和烦恼。那些目睹同学遭受欺负而无人过问的小孩，也会从此变得胆战心惊，害怕有一天这种遭遇也会落到自己的头上。

一、孩子被欺负的原因

1.孩子的性格问题

有的孩子天生性格内向，比较安静、胆小，到了幼儿园这个新环境后更是不知道该如何与人相处。如果第一次受到欺负后，会因为胆小害怕而不敢告诉老师和家长，也不敢反抗。

2.父母对孩子的教养方式不当

有的父母平时脾气暴躁，喜怒无常，经常因为一点儿错误就训斥孩子，使孩子总处在一种不知所措的状态中，内心缺乏安全感，也不知道如何表达自己的情绪。

3.孩子的言谈、行为被小朋友排斥

如果孩子回家总说有很多人欺负他，家长就要警惕了。幼儿园的孩子

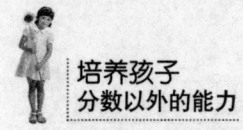

都比较单纯,不会出现很多小霸王。即使家长对孩子说:"谁打你,你就打他,打坏了有爸爸呢!"多数孩子也没有胆量去打小朋友。这样看来,问题可能出在自己的孩子身上——他是不是不会与小朋友交流,自己的意思表达不清,被小朋友误解;是不是不懂谦让,还有点儿霸道,不被小朋友喜欢;是不是一点点小事都告诉老师,弄得小朋友讨厌他……

4.孩子夸大其词引人注意

如果妈妈很少关心孩子,或者孩子很想把妈妈留在身边,他就会想一些办法让妈妈注意。这时,他会制造一些让妈妈担心的事情,比如说:"有人欺负我。"

5.孩子的消极态度

有些孩子因为性格使然,在遇到问题或困难时喜欢退缩,不能做到积极面对,也不懂得寻求他人的帮助。

二、当孩子被人欺负时父母如何做

1.教给孩子对付欺负人的人的"最好的办法"

你不需要让孩子对欺负人的行为做出友好的反应,因为这只会使潜在的危险变成事实;你也不需要让孩子在被欺负的恐怖时刻畏缩不前。合适的策略可能存在于两者之间。当遇到被别人的欺负时,孩子要径直用眼睛盯着欺负人的人,告诉他住手,然后用一种坚定而有威严的方式离开现场。即使这种策略并不总能奏效,你也应该让孩子知道这是尽量让欺负的行为中止的"最好的办法"。

在这种策略的基础上,你可以和孩子进行演习,轮流扮演每一个角色。如果按上述的策略去做,但情况看起来特别困难和有风险时,建议孩子在方便的时候远离欺负人的人。

2.向孩子解释欺负人的人是一个遇到麻烦的人

一般受到别人欺负的人都不理解为什么那些欺负人的人会有如此行为。有时这些被别人欺负的人只知道自己值得欺负,而欺负别人的人在某种程度上比别人优越。告诉你的孩子,欺负别人的孩子是不快乐的,是这种不快乐使他想不公平地伤害他人。

3.鼓励孩子谈论他与他人的关系

这些交谈能够帮助你和孩子现实地看待欺负人的行为。一定要告诉你的孩子,如果欺负人的人借助身体暴力,那么他就应该立刻向负责的成年人(老师或者父母)报告这一事件。

4.帮助孩子建立自尊

作为被人欺负的孩子,需要增强自己的自信心。父母要鼓励孩子参与能让他感到安全的活动,如游戏、运动、或社区服务等。